D1665581

hänssler

Peter Hahne

Wir haben Zukunft!

Die Deutsche Bibliothek – CIP-Einheitsaufnahme

Hahne, Peter:
Wir haben Zukunft! / Peter Hahne. - Überarb. Neuaufl. - Neuhausen/
Stuttgart : Hänssler, 1998
  ISBN 3-7751-2942-1

hänssler-Taschenbuch
Bestell-Nr. 392.942

Überarbeitete und aktualisierte Neuauflage 1998.
Die früheren Auflagen erschienen als TELOS-Taschenbuch
mit der Bestell-Nr. 75.048.
Gesamtauflage 1998: 218 000
© Copyright 1985 und 1998 by Hänssler-Verlag, Neuhausen-Stuttgart
Umschlaggestaltung: Stefanie Bunner
Titelfoto: Bildagentur Mauritius
Satz: Vaihinger Satz + Druck
Druck und Verarbeitung: Ebner Ulm
Printed in Germany

Inhalt

Vorwort

Haben wir noch was zu hoffen? Kaum eine Frage bewegt die Menschen mehr. Was bringt die Zukunft? Ja, haben wir überhaupt noch eine Zukunft?

Ganz gleich ob jung oder alt, ob mit oder ohne Arbeitsplatz, ob Frauen oder Männer: Die Frage nach der Zukunft bleibt Thema Nummer eins. Es hat Hochkonjunktur.

Jenseits von düsteren Umfragen und Statistiken fragt man sich persönlich: Habe *ich* noch Zukunft? Was habe *ich* noch zu hoffen? Wohin führt die Reise *meines* Lebens? Niemand will in eine ungewisse Zukunft gehen. Keiner will zum Schluss sagen: Es war alles umsonst. Wo keine Zukunft ist, da sind nur noch Traurigkeit und Verzweiflung.

Wer sich allerdings selbst Hoffnungen macht, der lügt sich die Zukunft in die Tasche. Wir brauchen eine begründete Hoffnung auf eine realistische Zukunft. Davon will dieses Buch reden. Fakten sind gefragt. Tatsachen auf solider Basis, kein banales Wortgeklingel. Dafür ist die Frage nach der Zukunft zu ernst und lebenswichtig.

Auch Sie sollen mit gutem Grund sagen können: Ich habe Zukunft! Weil Sie auf gutem Grund stehen: Der Wahrheit. Mutmacher braucht das Land, keine Miesmacher. Hoffnungsträger mit Zukunftsperspektive sind gefragt, keine Bedenkenträger. Ich wünsche Ihnen den langen Atem der Zuversicht. Denn nur, wem die Zukunft gewiss ist, der kann die Gegenwart mit Hoffnung gestalten.

Mainz, im März 1998   Peter Hahne

Die Angel der Sehnsucht

Das kann nun wirklich niemanden kalt lassen. Ernest Hemingways Geschichte »Der alte Mann und das Meer« geht einem unter die Haut. Wer sie liest, erkennt darin das Spiegelbild unserer Zeit. Hier schildert der Literatur-Nobelpreisträger schicksalhaft das, was hinter dem Aufschrei nicht nur der jungen Generation steckt: keine Zukunft, keine Hoffnung, »No future«.

Da ist ein armer Fischer. Der wartet auf das große Glück seines Lebens. Sein täglicher Fang hält ihn gerade so über Wasser. Er lebt von der Hand in den Mund. Auf später hin vorsorgen kann er nicht. Und doch lässt ihn der Gedanke nicht los: ich will einen großen Fang machen, mit dem für meine Zukunft ausgesorgt ist.

So setzt er sich Tag für Tag in sein Fischerboot, knotet es los und rudert mit Leibeskräften aufs offene Meer. Er wirft seine Angel aus und wartet. Stunde um Stunde wartet er in der gleißenden Sonne auf den großen Fang. Müde vom Rudern und ausgedörrt von der Hitze kehrt er Abend für Abend ans Ufer zurück. Was er mitbringt, sind ein paar kleine Fische, mit denen er so gerade über die Runden kommt.

Dann legt er sich schlafen, unser alter Mann. Er träumt und setzt seine Hoffnung auf den nächsten Tag: der soll's bringen. Und wieder rudert er hinaus. Und wieder kehrt er unbefriedigt und voller Sehnsucht zurück. So geht das Tag um Tag.

Eines Tages aber wird er aus seinem dösenden Dämmerschlaf herausgerissen. Ein großer Fisch hat angebissen. Der Alte kann es kaum fassen: Jetzt habe ich ausgesorgt für den Rest meines Lebens. Die Zukunft scheint gesichert. Die Sehnsucht geht in Erfüllung. Auf einen Schlag ändert sich das Leben des alten Mannes, als das Meer ihm diesen großen Fisch beschert.

Mit einer Harpune gelingt es ihm, den Riesenleib zu treffen. Er will ihn ins Schlepptau nehmen. Es beginnt ein mörderischer Kampf. Hemingway schreibt: »Nun wurde der Fisch lebendig, als er den Tod in sich spürte, und sprang hoch aus dem Wasser und zeigte seine ungeheure Länge und Breite und seine ganze Macht und Schönheit. Er schien über dem alten Mann in dem Boot in der Luft zu hängen. Dann fiel er krachend ins Wasser, so dass Schaum über den alten Mann und das Boot spritzte.«

In einem Augenblick verwandelt sich die Situation des alten Fischers. Die erfolglos-düstere Vergangenheit wird überstrahlt vom gleißenden Licht der Zukunft. Jetzt hab ich die Zukunft an der Angel! Er beginnt auch schon zu rechnen; so sicher ist er sich seiner Sache. »Er wiegt über fünfzehnhundert Pfund, so wie er ist, dachte er. Vielleicht viel mehr. Wenn er angenommen zwei Drittel davon wiegt, zu dreißig Cent das Pfund ...«

Der Alte nimmt den Riesenfisch ins Schlepptau. Mit harten Ruderschlägen treibt er das Boot in den Hafen zurück. Eine mörderische Plackerei! Aber was ist das schon gegen die hoffnungsvolle Zukunft, die auf ihn wartet. Der Fisch zieht, zerrt und zappelt. Und plötzlich wird das Wasser rot. Aus der Tiefe des Meeres sind Haie unterwegs, um den Fisch zu zerstören. Und sie holen sich ihre Beute.

Der Alte kämpft gegen die Wellen, gegen die Haie, gegen den Fisch. Er sieht nicht, wie seine Beute immer mehr zum Raub der Haie wird. Er sieht schon längst die Zukunft. »Denk an irgendetwas Erfreuliches, alter Freund, sagt er. Jede Minute bist du jetzt näher an zuhaus.«

Mit letzter Kraft wehrt er sich gegen die Raubtiere. Er schlägt und sticht. Er rudert und kämpft. Aber zwecklos. Dann ist es so weit. »Um Mitternacht kämpfte er, und diesmal wusste er, dass der Kampf zwecklos war. Sie kamen in einem Rudel, und er konnte nur die Linien sehen, die ihre Flossen im Wasser machten, und ihr Phosphoreszieren, als sie sich auf den Fisch stürzten. Er schlug mit seiner Keule auf die Köpfe ein und hörte ihre Kiefer zuhacken und spürte das Beben des Bootes, als sie sich festbissen ...«

Jetzt ist alles aus. Die Haie fressen den Riesenfisch bis zu den weißen Knochen ab. Als der alte Mann gegen Morgen sein Boot in den Hafen steuert – kaputt und abgekämpft –, da hat er nichts anderes an der Leine als ein riesiges Skelett. Aus der Traum von der Zukunft.

Das Skelett, so schildert Hemingway, wird für den Fischer zum Zeichen, dass er endgültig und unwiderruflich geschlagen ist. Der Traum vom Riesenfisch, von den erwarteten, zukunftssichernden Einnahmen und der Bewunderung seiner Kollegen wird abgelöst von dem einen Wunsch: schlafen, ruhen, abschalten …

Er hatte die Angel der Sehnsucht ausgeworfen. Eigentlich hatte der alte Mann die Zukunft schon im Schlepptau. Aber gefangen hat er nichts als eine große Enttäuschung. Theodor Fontane scheint Recht zu haben: »Leben heißt: Hoffnungen begraben.«

No future?

Geht es uns nicht auch so wie jenem alten Fischer? Tag für Tag knoten wir unseren Lebenskahn los. Wir rudern mit den besten Vorsätzen und den größten Hoffnungen ins volle Leben. Unsere Sehnsüchte und Erwartungen nehmen wir mit – und abends kommen wir zurück, legen uns ins Bett, ziehen Bilanz und stellen fest: Es hat's wieder nicht gebracht. Ein Tag ohne Erfüllung.

Die Angel unserer Sehnsucht hat im Trüben gefischt. Angebissen hat nichts. Geblieben ist der »Frust«: es war alles umsonst. Frustration (*lat. frustra = vergeblich*) ist das Kennzeichen unserer Zeit. Unerfüllte Wünsche führen in die Resignation. Überall lässt man die Köpfe hängen. Leben heißt eben: Hoffnungen begraben. »Die Geschichte ist ein großer Friedhof, besetzt mit den Grabsteinen gestorbener Zukunftshoffnungen« (K. Hutten).

Atemnot und Erstickungstod

No future! Keine Zukunft, keine Hoffnung. Das ist mehr als ein Slogan. Das ist das selbstgefällte Todesurteil über das eigene Leben. Denn wir brauchen Hoffnung. Ohne Zukunft kann man die Gegenwart nicht ertragen. Ohne Hoffnung ist alles sinnlos.

»Leben heißt: Hoffnungen begraben« – das macht kaputt, davon kann man nicht existieren. Emil Brunner, Schweizer Theologe, hat Recht: »Was der Sauerstoff für die Lunge, das bedeutet Hoffnung für die menschliche Existenz. Nimm den Sauerstoff weg, so tritt der Tod durch

Ersticken ein. Nimm die Hoffnung weg, so kommt die Atemnot über den Menschen, die Verzweiflung heißt.« Radikaler kann man es kaum sagen. Ein Leben ohne Hoffnung endet in den Todesqualen der Verzweiflung.

No future! Dieses Glaubensbekenntnis macht kaputt. Es schnürt einem die Kehle zu. Menschen ohne Zukunft sind wandelnde Leichen der Gegenwart. Albert Camus, der Dichter des Absurden, schreibt in seinem »Mythos von Sisyphos«: »Ein Mensch, der keine Hoffnung hat und sich dessen bewusst ist, hat keine Zukunft mehr.« Wer nichts mehr zu hoffen hat, verfällt der Verzweiflung. Wo keine Hoffnung ist, da ist Traurigkeit (vgl. in der Bibel: 1. Thess 4,13).

Wovon wir leben

Die Qual eines hoffnungslosen Lebens schildert Alexander Solschenizyn in seinem packenden Roman »Krebsstation«. Da wird der vitale Draufgänger Jefrem plötzlich in eine Krebsklinik eingeliefert. Was war das doch für ein Mann gewesen: Er genoss das Leben in vollen Zügen, war nie krank und strotzte vor Gesundheit. Und jetzt das. Welten brechen über ihm zusammen. Was hatte er sich doch noch alles für sein Leben vorgenommen. Und jetzt ist alles aus. Die tödlichen Geschwüre zerfressen seinen Körper. Seine Tage sind gezählt.

In der Bibliothek findet Jefrem ein Buch von Leo Tolstoi. Früher hatte er ihn, mit seinem Satz »Gott kennen ist Leben«, nur als religiösen Spinner abgetan. Heute lässt ihn sein Thema nicht mehr los: »Wovon leben die Menschen?« Diese bedrohende Frage stellt Jefrem nun seinen Leidensgenossen auf der Krebsstation. Die Antworten sind typisch. Aber in dieser Situation wirken sie makaber; so makaber, wie sie in Wirklichkeit immer sind. »Wovon leben die Menschen?« »Vom Geld«, sagt der eine. »Vom Essen, vom Wasser, von der Luft ...« »Aber das reicht doch nicht!«, schreit Jefrem.

Ja, das reicht nicht. Der Mensch, so diagnostiziert Alexander Solschenizyn, lebt von der Hoffnung. Ohne Zukunft ist der Mensch tot. No future – wer das über sein Leben schreibt, der hat sein Todesurteil bereits unterschrieben. Das ist der Ernst unseres Themas. Und Jefrems Finger aus der Krebsstation zeigt auf uns: »Wovon lebst du denn?« Der alte Mann auf dem Meer fragt uns: » Willst du weiter Abend für Abend deine Hoffnungen begraben, bis du dann am Lebensabend sagst: es war alles umsonst?!« Albert Camus schreibt: »Ein Leben muss sich auf die Zukunft entwerfen lassen, wenn die Menschen es als lebenswert empfinden sollen. Mit dem Kopf an der Mauer leben allenfalls die Hunde.« Es stimmt: der Mensch lebt von der Hoffnung.

Aber doch nicht von irgendeiner! Nicht von Illusionen und Träumereien. Nicht von Utopien und Fantasien. Er braucht eine begründete Hoffnung auf eine realistische Zukunft. Alles andere ist Betrug. Wer sich selbst Hoffnungen macht, lügt sich die Zukunft in die Tasche. Und davon kann man nicht leben. Vor allem nicht sterben. Denn keiner will doch am Abend seines Lebens sagen müssen: es war alles umsonst.

Die Zielfrage

Wenn das unsere Perspektive ist, dass eines Tages über unserem Leben steht »vergeblich«, dann hat sich alles nicht gelohnt. Dann war alles umsonst. Wer das zum Ziel seines Lebens wählt, der ist auch bereits auf den Lebensetappen immer ein Betrogener. Denn jede kleine Teilentscheidung meines Alltags hängt vom Gesamtziel meines Lebens ab.

Kein Mensch setzt sich in sein Auto, gibt anständig Gas, braust los und sagt: Lenken kann ich später noch. Wer das tut, ist ein Narr. Er verurteilt sich selbst zum Tod. Man braucht ein Ziel. Und man wird alles daransetzen, dieses Ziel durch angemessenes Verhalten zu erreichen. Wenn mein Leben jedoch eine ziellose Fahrt ins Blaue ist, bleibt letztlich nur die Verzweiflung – und die Etappen zeichnen sich durch Frustration und Resignation hinter der Maske gespielten Glücks aus.

Ohne Hoffnung leben heißt: ohne Ziel leben. Wo aber kein Ziel ist, da gibt es auch keinen Weg und keinen Sinn. Christian Morgenstern dichtet:

> »Wer vom Ziel nichts weiß,
> kann den Weg nicht haben,
> muss im selben Kreis
> all sein Leben traben ...«

Wer kein Ziel vor Augen hat, der geht im Kreis. Der tappt hilflos im Nebel umher. Dieser teuflische Kreislauf endet tödlich.

Ziellosigkeit ist Sinnlosigkeit. »No future« führt in die Sackgasse der Hoffnungslosigkeit. Diese Gleichung kennen wir doch im tiefsten alle. Sie ist doch allzu logisch. Nur frage ich mich, warum wir denn keine Konsequenzen daraus ziehen.

In seinem Essay »Randbemerkungen zum Weltuntergang« teilt Hans-Magnus Enzensberger seinem Gesprächspartner mit: »Ich brauche dir nicht zu versichern, dass ich von der Zukunft so wenig weiß wie du.« Eine solche kumpelhafte Koalition der Ziellosen hilft uns doch nicht weiter! Das kann doch nur einen oberflächlichen Denker beruhigen.

Was nützt mir denn die Solidarität der Hoffnungslosen, wenn ich selbst nach Antwort auf die Zielfrage suche? Wir müssen doch wissen, was vor uns liegt. Nichtwissen bedeutet Weg- und Ziellosigkeit. Und diese Fahrt ins Blaue endet tödlich und ist begleitet von quälender Ungewissheit.

Genau hierin liegt der Grund für die stets steigende Selbstmordrate. Junge und Alte, Arme und Reiche halten die Sinnlosigkeit ihres Lebens nicht mehr aus. Quer durch alle sozialen Schichten und Altersstufen nagt die zermürbende Qual der Ziellosigkeit am Lebensnerv. Deutschland verzeichnet einen traurigen Weltrekord bei der Zahl der Selbstmorde Jugendlicher.

Ein 16-jähriger schreibt in seinem Abschiedsbrief an seine Eltern: »Macht euch bitte keine Vorwürfe. Ihr habt mir alles gegeben, was ihr konntet. Euch trifft keine Schuld. Aber ich halte die unbeantworteten Fragen nach dem Ziel meines Lebens nicht mehr aus. Diese ganze Sinnlosigkeit macht mich kaputt. Warum soll ich leben, wenn am Ende doch alles umsonst ist? Liebe Eltern, seid nicht traurig, aber ich muss es tun...«

Hemingways Meistererzählung »Der alte Mann und das Meer« ist letztlich die Lebensgeschichte des Dichters. Selbst der begehrte Literatur-Nobelpreis konnte ihn aus dem tödlichen Kreislauf der Sinnlosigkeit nicht befreien. In seiner Nobelpreisrede sagte er 1954 über den Beruf des Schriftstellers u. a.: »Arbeitet er doch in der Einsamkeit und muss sich jeden Tag mit der Ewigkeit auseinander setzen – oder mit dem Fehlen dieser Ewigkeit.« Das Fehlen der Ewigkeit ist aber nichts anderes als das Fehlen von Zukunft, das Fehlen von Hoffnung und Sinn. Das Fehlen dessen, wovon wir leben und worauf wir zielen. Am 2. Juli 1961 nahm sich Ernest Hemingway das Leben. Sein Biograph Astre berichtet: »Er nahm sein Lieblingsgewehr, eine mit Silber eingelegte, speziell für ihn angefertigte Jagdflinte aus dem Ständer, steckte sich die Läufe in den Mund und drückte beide Abzüge ab. Die Explosion riss ihm den Kopf fast vollständig weg.«

Vor allem junge Selbstmörder geben in ihren Abschiedsbriefen genau das als Grund an: Sinnlosigkeit, Ziellosigkeit, Ungeborgenheit. Es stimmt also: Ohne Lebensziel gibt es auch keine Lebensenergie. Wo alles sinnlos ist, kann man ja auch alles kaputtmachen – und sich selbst gleich mit. Der Raubbau mit dem Körper und die Flucht in Drogen und Alkohol sind doch nichts anderes als eine Orgie der Sinnlosigkeit.

In einer kalten Welt ohne Ziele erfrieren viele an der unbeantworteten Sinnfrage. Oder sie raffen sich endlich auf und beginnen nach Wärme zu suchen. Die Suche nach dem Ziel der Welt und dem Sinn des Lebens ist Start zum Durchbrechen des Teufelskreises der Hoffnungslosigkeit. Resignation oder Motivation – das ist hier die Frage. Wer den Kopf in den Sand steckt, kommt schnell vom Zustand der Atemnot ins Endstadium des Erstickungstodes. Wer aber wach wird unter der ungelösten Zukunftsfrage und sich zur Suche nach Antwort motivieren lässt, der ist auf dem richtigen Wege.

No future! Diese Parole ist das Motto für den schleichenden Tod. Wir wollen doch aber leben! Leben, ohne dauernd Hoffnungen begraben zu müssen. Leben, ohne an der Angel unserer Sehnsucht immer nur Enttäuschungen zu fangen.

Der Griff nach dem Strohhalm

Deshalb haben die Menschen zu allen Zeiten nach Hoffnung gefragt und die Zukunft erforscht. Die Lösung der Zukunftsfrage ist das Hauptthema der Weltgeschichte. Man will schließlich nicht ins Ungewisse gehen. Ungewissheit lähmt, macht müde, lässt resignieren und verzweifeln. »Was bringt die Zukunft?« – Das ist die quälende Frage, die nach Antwort schreit.

Darum hat man sich zu allen Zeiten Ziele und Hoffnungen gesetzt. Philosophen und Futurologen, politische Fanatiker und religiöse Schwärmer – sie alle mühen sich, lohnende Ziele der Zukunft zu entwerfen. Ziele, auf die hin man sein Leben und diese Welt gestalten kann. Die Zukunftsfrage lässt keinen los. Und man ergreift jeden Strohhalm, um bloß nicht in Verzweiflung zu versinken.

Es ist doch erbärmlich, wie erwachsene und aufgeklärte Menschen tagtäglich die Zeitung aufschlagen, um unter der Rubrik »Horoskop« ihre Tagesperspektive zu erhalten. Mit lächerlichem Stolz verkündet man zwar seiner staunenden Umwelt, dass man daran als Zeitgenosse des beginnenden dritten Jahrtausends eigentlich gar nicht glaubt. Und dennoch verloren die Zeitungen, die die Wahrsagerei aus ihrem Blätterwald entfernten, so sehr an Auflage, dass man die Horoskope schnell wieder druckte.

Im Dritten Reich legte Hanussen den Ideologen und Wirtschaftskapitänen die Karten. Heute erfüllt bereits eine einfache Abfrage im Internet die sehnsuchtsvolle

Zukunftsfrage mit computergemachten Hoffnungsillusionen. Okkultismus online, die Technik machts möglich. Hauptsache ein Strohhalm, meint man. Und merkt nicht, wie man immer tiefer in dem Sumpf der Verzweiflung versinkt.

Ist es denn wirklich nur Spaß, wenn vor dem Hause einer der bekanntesten deutschen Wahrsagerinnen die Limousinen der Spitzenpolitiker und Topmanager vorfahren? Ist es in Wahrheit nicht die Angst vor einer ungewissen Zukunft? Da belächelt man den »Kinderglauben« der Christen und hat für das Wort Gottes nur beißenden Spott übrig; ironisch erhebt man sich über die »mystische Geisterwelt des Neuen Testaments«. Aber selbst erschrickt man, wenn der Dreizehnte auch noch auf einen Freitag fällt oder einem eine schwarze Katze von links über den Weg läuft.

Es passierte im November 1951. Ein Ausschuss der UNO tagt in Paris. Gerade hat der britische Außenminister das Wort ergriffen, da stockt den Diplomaten, Sekretären und Presseleuten der Atem. Ein Blitzlichtfeuer geht durch den Saal und das Bild um die Welt: Eine schwarze Katze stolziert von links nach rechts durch den Saal. Eine harmlose Katze! Aber die sich so aufgeklärt gebende Welt steht Kopf. Die Zeitungen sind voll mit der Frage: Was hat das zu bedeuten? Weltweit ist ein Rätselraten: Ist das nun ein gutes oder ein schlechtes Zeichen?

In den Teufelskreis des Okkultismus sind heute alle Altersstufen und Gesellschaftsschichten einbezogen. »Die Deutschen sind auf Wahrsagerei sehr ansprechbar«, meinte Yvette Ruzha, die sich selbst als Hexe der weißen Magie bezeichnet, in einer Fernsehtalkshow. Man schreckt selbst vor Teufelsanbetung und Schwarzen Messen nicht zurück, um die Zukunft zu erforschen. »Ein Versuch kann ja nicht schaden«, erklären die zahlungswilligen Opfer, als handele es sich um ein harmloses Medikament und nicht um die zerstörerische Macht der Dämonie.

Besonders unter jungen Leuten gibt es »eine neue Lust am Gruseln«, wie Experten es nennen. Okkulte und spiritistische Praktiken sind unter Schülern und Jugendlichen keine Seltenheit. Beliebte Experimente sind Tische- und Gläserrücken, Pendeln, Schwarze Messen oder die Kontaktaufnahme mit Verstorbenen.

Fünfzig Prozent der Kinder und Jugendlichen, so schätzen Fachleute, hätten bereits Erfahrungen mit solchen Praktiken gemacht, um ihre persönliche Zukunft zu »erforschen«. Der Einstieg ist meist harmlos. Bei Klassenfahrten oder Partys probieren junge Leute den okkulten Trip. Durch den Einfluss der Gruppe wird der finsteren Modeerscheinung der Schrecken genommen. Man macht eben mit. Aus Neugier kann jedoch schnell Abhängigkeit werden.

Führende Geschäftsleute und Politiker machen ihre Entscheidung genauso vom Ratschlag der Wahrsager abhängig wie partnersuchende Jugendliche. Die okkulte Welle rollt fast unaufhaltsam durchs Land. Im Fernsehen als »Astro-Show«, in der Presse als »Tageshoroskop«. Der Teufel ist los und holt sich seine Opfer. Schon der alte Kirchenvater Augustin sagte: »Als freier Mann gehst du zum Wahrsager, als dessen Sklave gehst du von ihm fort.«

Wenn es nicht so ernst wäre, müsste man über soviel Inkonsequenz und Schizophrenie ja lachen: Derselbe Mensch, der sich als aufgeklärt bezeichnet und die Existenz Gottes und des Satans in der Geisterwelt des Mittelalters einordnet, hat Angst vor schwarzen Katzen und orientiert sich am steinzeitlichen Aberglauben der Astrologen. Der härteste Atheist zuckt zusammen, wenn er im Hotel auf Zimmer Dreizehn einquartiert wird oder die Kartenlegerin auf der Kirmes Unglück prophezeit.

Wirklich aufgeklärte Menschen wissen natürlich, dass Astrologie im zwanzigsten Jahrhundert ein Zeichen völliger geistiger Rückständigkeit und ein Rückfall in den krassesten Aberglauben ist. Aber dennoch erlebt die alte Astrologie, der ja ein längst überholtes Weltbild zugrunde liegt, eine neue Konjunktur. Der Renner im Buchhandel ist derzeit die »esoterische« Literatur. Gemeint sind okkulte Machwerke, die wie Pilze aus dem Boden schießen. In Millionenauflage werden sie unters Volk gebracht und erwartungsvoll gekauft.

»An die Stelle, die früher einmal das Losungsbuch mit seinen Bibelworten einnahm, ist für viele die regelmäßige Lektüre des Wochenhoroskops getreten«, ermittelte die Evangelische Zentralstelle für Weltanschauungsfragen (EZW) in Berlin. Und sie stellt weiter fest: In Teilen der Alternativszene wird eine Geschichtsphilosophie vertreten, die den Anbruch des »Zeitalters des Wassermannes« erwartet. Diese Epoche, so wird den »Aussteigern« verheißen, sei geprägt von Freiheit, totaler Herrschaftslosigkeit, einem neuen Naturverhältnis, einer anderen Gesellschaft und einem neuen Staat – am besten überhaupt keinem.

Hier haben wir es also wieder: Das sehnsuchtsvolle Fragen nach der Zukunft schreit nach Antwort. Man lässt sich die kommenden Zeiten in schillerndsten Farben malen. Die Hoffnungsangebote werden aufgesogen wie Wasser von einem ausgetrockneten Schwamm. Und sei es der irrationale Schabernack der Horoskope oder die erkaufte Quacksalberei der Wahrsager. Man greift nach jedem Strohhalm, weil die ungelöste Zukunftsfrage unheimlich ist und beantwortet werden *muss*.

Wenn heute wohl jeder ernst zu nehmende Denker die Unwissenschaftlichkeit von Horoskopen und Wahrsagerei behauptet (obwohl ja viele danach leben!) und dieses als Erkenntnis unseres Jahrhunderts feiert, kann der Christ nur voll Staunen auf seinen Glauben verweisen. Denn bereits Jahrtausende vor den revolutionären Entdeckungen der modernen Naturwissenschaft und den denkerischen Meisterleistungen der Erfinder schreibt das Wort Gottes: »So hört doch nicht auf eure Propheten, Wahrsager, Traumdeuter, Zeichendeuter und Zauberer... Denn sie weissagen euch Lüge« (Jer 27, 9f.). Es ist ja gerade der biblische Glaube an den lebendigen Gott, der uns aus der Angst machenden Geisterwelt des Altertums befreit: »So spricht der Herr: Ihr sollt nicht den Gottesdienst der Heiden annehmen und sollt euch nicht fürchten vor den Zeichen des Himmels, wie die Heiden sich fürchten« (Jer 10, 2). Auch das ist Evangelium: Ihr seid frei von der Herrschaft kosmischer Mächte und heidnischer Zauberei. Deshalb ist die heutige Hochkonjunktur der Astrologie nichts anderes als ein Rückfall ins finsterste Heidentum.

Auch freigewordene Christen werden vielfach wieder zu Sklaven ihrer astrologischen Horoskop-Religion. Talismane und Maskottchen werden genauso gebraucht wie »Toi, toi, toi« und »Dreimal auf Holz klopfen«. Man trägt sein Sternzeichen um den Hals und oft das Kreuz gleich an demselben Kettchen daneben. Die Verharmlosung des Okkulten und das »Spiel mit dem Feuer« hat schon manches Christenleben und manche Gemeinde zerstört. Ein mit Sterndeuterei geführtes Leben endet meist in sklavischer Abhängigkeit und quälender Angst. »Wer stets nach den Sternen aufblickt, wird bald auf der Nase liegen«, sagt ein altes schottisches Sprichwort.

Übrigens: Das Gegenstück von Glauben ist nicht Wissen, sondern Angst! Den Glauben an Gott hat man weggeworfen und sich dem Teufelswerk des Okkultismus unterworfen. Welch ein grausamer Tausch!

»Glaube, dem die Tür versagt,
steigt als Aberglaub' durchs Fenster.
Wenn die Gottheit ihr verjagt,
kommen die Gespenster.«
(Emanuel Geibel)

Traumfabrik »Zukunft«

Niemand will in eine ungewisse Zukunft gehen. Hoffnungslosigkeit zieht Angst nach sich. Deshalb ist eine ganze Menschheit damit beschäftigt, die Frage nach der Zukunft zu lösen. Ob Optimismus oder Pessimismus – es geht um die Überwindung der zermürbenden Ungewissheit.

Und was hat man sich schon alles erträumt! Thomas Morus hat vor fast 500 Jahren einer ganzen Literaturgattung den Namen gegeben. Von einer Insel aus wollte er die neue Welt bauen. Eine Welt ohne Krieg und Hass, ohne Klassen- und Rassengegensätze, ohne Lüge und Qual. »Neue Insel Utopia« – so hieß dieses Schlaraffenland, von dem bis in unser Jahrhundert hinein die Utopisten träumen.

Im 17. Jahrhundert schrieb der Dominikaner Tommaso Campanella seinen »Sonnenstaat«. Dort müssen die

Menschen nur noch vier Stunden täglich arbeiten, und doch ist alles überreich vorhanden. In diesem vollendeten Kommunismus sind selbst – wie schon in Platons »Politeia« (Staat) – die Frauen allen gemeinsam. Auch die »Nova Atlantis« des 1626 verstorbenen britischen Lordkanzlers und Philosophen Francis Bacon ist ein sorgenfreies Schlaraffenland. Der Staat teilt dort mit vollen Händen aus.

Ende des 19. Jahrhunderts verfasste der amerikanische Sozialist Edward Bellamy seine Utopie »Rückblick aus dem Jahr 2000 auf 1887«. In allen Einzelheiten beschreibt er seinen kommunistischen Traumstaat: »Niemand sorgt mehr für den kommenden Tag; denn die Nation verbürgt die Ernährung und den behaglichen Unterhalt jedes Bürgers von der Wiege bis zum Grabe ... Die Menschheit hat ihre Puppenhülle durchbrochen: Der Himmel liegt vor ihr.«

Karl Marx wollte den neuen Menschen erziehen, der dann die neue Welt baut. »Neue Menschen brauchen wir«, schreibt er 1843 an Ludwig Feuerbach. Adolf Hitler hat das Tausendjährige Reich verheißen; Millionen hat diese Zukunftsperspektive mitgerissen, und man hat den rechten Arm für den Heilsbringer hochgerissen.

Mao Tse Tung verkündete eine weltweite, goldene Zukunft: »Die Welt schreitet vorwärts, die Zukunft ist glänzend, und niemand kann diese allgemeine Tendenz der Geschichte ändern.«

Ernst Bloch nennt die Zukunftshoffnung der Christen ein »Warten auf den Sankt-Nimmerleins-Tag« und Gott einen »Vitzli-Putzli-Nonsens«. Hoffnung wird bei ihm zum Prinzip erhoben. Die Zukunft wird vom Drängen der Materie und den Aktionen des Menschen erwartet. Im Moskauer Lehrbuch »Grundlage des Marxismus-Leninismus« liest sich das so: »Der Kommunismus bringt den endgültigen Triumph der menschlichen Freiheit mit sich. Der Staat ist dann nicht mehr notwendig.«

In seinem Bucksberger Glaubensbekenntnis meint der Philosoph Ludwig Feuerbach: »Ich glaube an den Menschen. Ich glaube an den Heiligen Geist des Fortschritts.« In der Aufbau- und Wohlstandsgesellschaft der Nachkriegsjahre sprudelte der Zukunftsoptimismus nur so. Forscher und Denker, Konstrukteure und Arbeiter, Lehrer und Schüler – sie alle beflügelte die Hoffnung auf eine menschen-machbare Zukunft. Faszinierende Entwürfe für das Jahr 2000 entstanden auf dem Reißbrett: Städte unter riesigen Zelten in den Polarzonen, Häuser mit eigenen Miniaturkraftwerken, Industrieanlagen ohne jegliche Luftverschmutzung. Noch im Jahre 1950 schrieb Professor Low in seinem Buch »So wird es kommen«: »Krankheiten werden durch einen Elektronenarzt diagnostiziert; Ersatzteile für alle kranken Glieder und Organe des menschlichen Körpers werden griffbereit eingelagert; ja, jeder Mensch wird viel Zeit und wenig Arbeit haben.«

Bereits heute ist die Lebenserwartung eines Mitteleuropäers um 40 Jahre höher als um 1800. Die durchschnittliche Lebensdauer liegt bei 70 Jahren und soll im nächsten Jahrhundert verdoppelt werden. Babys aus der Retorte und genmanipulierte Wunderkinder sind schon längst kein bloßer Traum mehr.

Mitte 1997 kam der amerikanische Neurochirurg Robert White in die Schlagzeilen. Selbst Kollegen nennen den Professor aus Cleveland (Ohio) »Frankenstein«, »Spezialist des Grauens«, »Kopf-ab-White«. Nach Nieren-, Leber- und Herztransplantationen glaubt White nämlich, künftig auch Köpfe verpflanzen zu können.

Bei Affen ist ihm der spektakuläre Eingriff bereits gelungen.

Professor White will Menschen mit gesundem Kopf, aber nicht mehr funktionsfähigem Körper zu einem intakten Superleib verhelfen. Was Ethik-Kommissionen und Ärzteschaft eine »Horrorutopie« nennen, rechtfertigt White so: »Warum sollen wir nicht Patienten mit einem unheilbar von Krebs zerfressenen Leib helfen, indem wir ihnen einen neuen geben, der von einem hirntoten Unfallopfer stammt? Warum sollen solche gepeinigten Menschen wie 'Superman' Christopher Reeve oder Astrophysiker Stephen Hawking, deren Körper durch Lähmung schneller verfallen, nicht ihren Kopf retten können, indem man ihn auf einen anderen Leib verpflanzt, der sonst, begraben, für niemanden mehr von Nutzen wäre?«

Er werde sogar die Seele mittransplantieren, erklärt der Amerikaner stolz, der seine Versuche nun in der Ukraine macht, weil derartige Experimente in den USA verboten sind. »We can do it«, meint er nachdrücklich und setzt energisch hinzu: »We did it!« Darf der Mensch aber alles machen, was er kann?

Man könne nun »die ganze Klonerei« vergessen, sagt der »Frankenstein aus Ohio«. Denn selbst ein geklonter Nobelpreisträger käme ja »mit leerem Gehirn« auf die Welt. Seine Operationen lieferten jedoch einen mit Wissen, Gefühlen, Erinnerungen und Persönlichkeit gefüllten Kopf. Und den könne man mit einer Herz-Lungen-Maschine sogar so lange am Leben erhalten, bis ein entsprechender Körper gefunden sei. Ein Ersatzteillager für Montage-Menschen ...

Die Zeit der Macher

Was könnte also dem Glück des Menschen entgegenstehen? Gehen wir nicht eigentlich in eine rosige Zukunft? Und flinke Ideologen waren schnell zur Hand, einen neuen Glauben zu zimmern. Das neue Credo heißt: Fortschrittsglaube, Zukunftsglaube, Vollendungshoffnung.

Selten wohl war in dieser Welt ein Jahrzehnt so voll unbegrenzter Hoffnungen wie die 60er und beginnenden 70er Jahre des ausgehenden zwanzigsten Jahrhunderts. Der Optimismus sprudelte auf fast allen Gebieten: Politik, Technik, Wirtschaft und Wissenschaft. Millionen Menschen einte der Glaube an eine machbare Zukunft. Computer, Weltraumfahrt und Atomenergie galten als Gipfel des Triumphes. Selbst das Glück schien als Produkt menschlicher Vernunft und Leistung machbar.

Die heile Welt lag zum Greifen nahe. Man musste nur die Ärmel hochkrempeln nach dem Motto: Es gibt viel zu tun, packen wir es an. Die Zeit der Macher, der Selbstmacher begann. Getreu dem sozialistischen Idealbild vom neuen Menschen, der eine neue Gesellschaft baut. Alles schien in die Möglichkeiten menschlichen Könnens gestellt: Wohlstand, Frieden, Gesundheit und Zufriedenheit. Und der neue Glaube bekleidete sich gleich mit neuen Wortkreationen aus der Requisitenkammer der Manipulation*. Chancengleichheit und Lebensqualität wurden zum Schlagwort. Der Schweizer Schriftsteller Max Frisch brachte es 1989 in einem Interview auf den Punkt: »Was wir, die Linken, im weiteren Sinne ja wollen, ist einen Menschen herstellen, den der

---

* Dazu ausführlich: Peter Hahne, Die Macht der Manipulation, Hänssler-Verlag

liebe Gott, weil er am Samstag aufgehört hat zu arbeiten, nicht mehr hergestellt hat.«

Das Symbol des trügerischen Machbarkeitsglaubens steht am New Yorker East River vor dem UNO-Gebäude. Das eindrucksvolle Denkmal ist eine Stiftung der ehemaligen Sowjetunion. Es ist geradezu das epochale Zeichen menschlicher Hybris, die die Geschicke der Welt in die eigenen Hände nehmen will – ein sichtbares Zeichen der marxistischen Wahnidee von der Selbstvergottung des Menschen. Die Plastik stellt eine Szene aus Jesaja 2 (Vers 4) dar, wo es heißt: »Da werden sie ihre Schwerter zu Pflugscharen und ihre Spieße zu Sicheln machen.«

An der entscheidenden Stelle ist hier die biblische Prophezeihung verändert – eine Perversion der christlichen Hoffnung. Auf dem Denkmal hämmert nämlich ein muskulöser Mann mit seiner wuchtigen Körperkraft aus einem Schwert einen Pflug. Der Weltfrieden ist also machbar. Menschen-machbar. Welch trügerische Hoffnung! Wenn ich den Weltfrieden für menschen-machbar halte, brauche ich den Vollender Christus nicht mehr und stehe damit eindeutig im Widerspruch zur Bibel. Und zur Realität, wie die täglichen Weltnachrichten beweisen!

An die Stelle Gottes setze ich den Menschen, den Macher. Getreu den Worten Heinrich Heines: »Wir wollen hier auf Erden schon das Himmelreich errichten. Zuckererbsen für jedermann, bis die Schoten platzen. Den Himmel überlassen wir den Engeln und den Spatzen.« Was brauchen wir noch Gott, wenn wir alles selbst machen können?! Gott, ohnehin zum Nothelfer degradiert, konnte man vergessen. Im Rausch des Fortschrittsglaubens verkümmerte die biblische Zukunftshoffnung bis zum Nullpunkt. »Noch nie in der Geschichte«, so Alt-

Apo Rudi Dutschke, »war die Möglichkeit der Realisierung (des Menschheitstraumes vom Garten Eden) so groß.« Ja, die 60er Jahre hatten's in sich. Die Zeit der Macher.

Vom Zukunftsrausch zum Gegenwartskater

Und heute? Was ist auf dem Weg ins dritte Jahrtausend von den aufgeblasenen Illusionsluftballons geblieben? Zerplatzt sind sie! Wo sind denn die utopistischen Luftschlösser? Eine ruinöse Trümmergesellschaft kennzeichnet statt dessen unsere Zeit. Himmelhoch jauchzend – so trat man ein in das verheißene goldene Zeitalter. Zu Tode betrübt sind heute die Träumer aufgewacht. Als hätte man einen Rausch ausgeschlafen, reibt man sich die Augen, blinzelt in die Zukunft und fragt bange und flüsternd: Wie können wir überleben? Gibt es noch etwas zu hoffen? Der utopische Zukunftstraum ist längst dem realistischen Gegenwartskater gewichen.

Der neomarxistische Philosoph Ernst Bloch schreibt Ende der 50er Jahre sein dreibändiges Hauptwerk »Das Prinzip Hoffnung«. Seine Thesen hatten bis vor kurzem noch beflügelnde Kraft. Sie gaben den schwärmerischen Machern das ideologische Fundament. Und wie schon die Schlange im Paradies, so umgarnt auch die atheistische Philosophie den eitlen und geltungssüchtigen Menschen: Du wirst sein wie Gott. Gott, der Schöpfer und Vollender der Welt, wird auf dem Altar des »Prinzips Hoffnung« geopfert. Die Verantwortung für diese Welt wird ganz in die Hände des Menschen gelegt, nachdem man Gottes Hände entmachtet hat.

Bloch schreibt: »Die Wurzel der Geschichte ist der arbeitende, schaffende, die Gegebenheiten umbildende und überholende Mensch.« »Der Mensch lebt noch überall in der Vorgeschichte«, schließt er sein Hauptwerk, »ja, alles und jedes steht noch vor Erschaffung der Welt, als einer rechten.« Der Mensch braucht also nur noch die Bausteine zum Zukunftshaus richtig aufeinander zu schichten und schon ist das Paradies auf Erden im Do-it-yourself-Verfahren errichtet. So einfach schien das alles. Und Millionen – bis hin zu theologischen Kathedern und kirchlichen Jugendkreisen – ließen sich mitreißen.

Heute jedoch glaubt man seinen Augen nicht zu trauen, wenn man Ernst Blochs Visionen liest: »Wie die Kettenreaktionen auf der Sonne uns Wärme, Licht und Leben bringen, so schafft die Atomenergie in der blauen Atmosphäre des Friedens aus Wüste Fruchtland, aus Eis Frühling. Einige hundert Pfund Uranium und Thorium würden ausreichen, die Sahara und die Wüste Gobi verschwinden zu lassen, Sibirien und Nordkanada, Grönland und die Antarktis zur Riviera zu verwandeln. Sie würden ausreichen, um der Menschheit die Energie, die sonst in Millionen von Arbeitsstunden gewonnen werden musste, in schmalen Büchsen, höchstkonzentriert, zum Gebrauch fertig darzubieten.«

Man bedenke: bis vor kurzem berauschte man sich noch an solchen Zukunftsträumereien. Heute heißt die Devise: Aus der Traum! Und Klaus Scholder bemerkt: »Bloch geht so unbefangen mit der Atomenergie, mit Wüsten und Eiszonen um, als gäbe es weder Strahlungs- noch Klimaprobleme und als wüssten wir nicht, dass schon geringfügige globale Temperaturschwankungen unübersehbare Folgen für das Erdklima haben können.«

Das ganze marxistische Kartenhaus vom grenzenlosen

Fortschritt ist in sich zusammengebrochen. Nur ideologische Schlafwandler haben das immer noch nicht begriffen und träumen weiter. Die Zukunftserwartung von Karl Marx ist jener Tag, an dem »die Gesellschaft auf ihre Fahnen schreiben kann: jeder nach seinen Fähigkeiten, jeder nach seinen Bedürfnissen«.

Wie nah das Verfallsdatum solcher Utopien war, zeigt eine kurze Meldung der Deutschen Presseagentur von Anfang 1993: »Wo einst Lenin stand, ist jetzt ein großes Loch. Genau ein Vierteljahr dauerte es, um das 19 Meter hohe Denkmal zu zerlegen und von Friedrichshain in eine Kiesgrube in Köpenick zu transportieren. Eine halbe Million war es den Berliner Stadtvätern wert, um Lenin loszuwerden. Das großkopferte sozialistische Erbe aus Granit wurde in 125 Einzelteile zerschlagen.«

Wer wird ihn wohl je vergessen, jenen 9. November 1989?! Es ist 19.21 Uhr, und von einer Sekunde auf die andere muss die Geschichte neu geschrieben werden. Die »heute«-Nachrichten des ZDF gehen an diesem Donnerstag ihrem Ende zu. Da wird ein Zettel ins Studio gebracht. Eilmeldung: »Die Behörden der DDR haben beschlossen, für Reisende in die Bundesrepublik die Grenzen zu öffnen.«

19.22 Uhr: diese eine Zeile, in Amtsdeutsch verfasst und über ADN verbreitet, verändert die Welt. Nur ein paar Worte – aber es ist der Beginn einer neuen Epoche. Die Mauer fällt. Berlin wird zum Schmelztiegel der Wiedersehensfreude. Die Ereignisse überstürzen sich. Das Wunder der Wende geschieht. Die Diktatur des Sozialismus ist zu Ende. Deutschland ist frei. Rund um den Globus sitzen die Menschen vor ihren Fernsehapparaten und können kaum fassen, was sie da sehen. Der Eiserne Vorhang, Symbol der Welttrennung und Todesgrenze für

Tausende, wird aufgerissen, der Todesstreifen wird Transitstrecke. Grenzenloser Jubel. Selbst Atheisten stimmen mit ein: »Nun danket alle Gott ...«.

Die roten Diktaturen, auf Ewigkeit angelegt, haben noch nicht einmal die Jahrtausendwende überlebt. Atlas und Lexikon brauchen täglich neue Daten. Eine Welt im Wandel: Zerbruch der Sowjetunion, Revolution in Rumänien, Umsturz in Jugoslawien und der CSSR ... Nichts ist mehr, wie es gestern war.

Der Umbruch wird zum Aufbruch. Straßen, Plätze und Institutionen – ja ganze Städte werden umbenannt. Chemnitz, Sankt Petersburg, Königsberg ... Und die »Ewig-Gestrigen« haben doch Recht! Sie hatten längst prophezeit, dass Diktaturen letztlich dorthin zurückmüssen, woher sie kamen: in den Abgrund.

Die Denkmäler wackeln. Rote Säulenheilige werden zu rostigem Schrott. Was einst auf hohem Sockel stand, landet nun im Müll. In solchen Zeiten zählen echte Fundamente.

Bereits zehn Jahre vor der Wende sang die tapfere evangelikale DDR-Jugend jenseits von Anbiederung und Kompromiss ihr mutiges Zeugnis:

»Die Mächtigen kommen und gehen
und auch jedes Denkmal mal fällt.
Bleiben wird nur, wer auf Gottes Wort steht,
dem sichersten Standpunkt der Welt.«

George Bush, zur Wendezeit amerikanischer Präsident, hat in seiner legendären »State of the Union«-Botschaft vom Januar 1992 von »geradezu biblischen Dimensionen« des weltpolitischen Umbruchs gesprochen. Beim »Tag der Deutschen Einheit« 1997 meinte Bush in Stuttgart: »Gott hat uns noch einmal eine Chance gegeben, den Geist der Freiheit mit Leben zu erfüllen.« Und der Architekt der deutschen Wiedervereinigung, Bundeskanzler Helmut Kohl, sprach vom »Gebet der Gläubigen und dem Handeln Gottes in der Geschichte.«

Es ist eben fatal, dem sandigen Boden der Ideologien zu trauen statt der felsenfesten Basis der Bibel. Wer jedoch schon nicht dem Wort Gottes vertraut, der hätte sich wenigstens an den Analysen zahlloser Experten orientieren können. Viele Stimmen warnten schon in den 70er Jahren vor überzogenen Erwartungen des *homo faber* (lat.), des Menschen nämlich, der alles für machbar hält.

Der »Club of Rome« ernüchterte die Fortschrittsberauschten bereits 1972 mit der wachrüttelnden Studie »Die Grenzen des Wachstums«. Plötzlich wurde deutlich, dass es eben auf einem begrenzten Planeten kein unbegrenztes Wachstum geben kann; weder der Bevölkerung noch des Rohstoffverbrauchs oder der Umweltbelastung durch Schadstoffproduktion. Eine epochale Wende der Zukunftserwartung wurde eingeläutet.

Es sind keine Miesmacher, sondern realistische Experten, die den Zustand der heutigen Welt und den Verlauf der kommenden Zeiten düster malen. Bereits 1969 sagte der damalige UNO-Generalsekretär U Thant: »Ich will die Zustände nicht dramatisieren. Aber nach meinen Informationen werden die Probleme derartige Ausmaße erreichen, dass ihre Bewältigung menschliche Fähigkeiten übersteigt.« Der Traumballon der Zukunftsmacher ist also wie eine Seifenblase zerplatzt.

Schon U Thants Vorgänger Dag Hammarskjöld, ein überzeugter Christ, hatte gewarnt: »Wir gehen dem sicheren Ende entgegen, wenn es keine geistliche Neugeburt gibt.« Da muss uns also ein Politiker der Weltspitze daran erinnern, dass Zukunft ohne Gott unmöglich ist! In seiner Abschiedsrede als Bundespräsident sagte Walter Scheel geradezu beschwörend: »Nur wenn wir unser Verhalten ändern, werden wir unsere Zukunft bewältigen.« Fünf Jahre später hieß es in der Abschiedsrede seines Nachfolgers Karl Carstens: »Meine größte Sorge im Blick auf die Zukunft ist, dass wir die Dimension des Glaubens vergessen.« Und Mitte 1997 brachte Tschechiens Staatspräsident Václav Havel bei der Eröffnung der Konferenz »Forum 2000« seine Sorgen auf diesen Punkt: »Zunehmende Gottlosigkeit ist mitverantwortlich für die derzeitigen globalen Krisen.« Die Menschheit wolle keine »höheren Ordnungen« mehr akzeptieren, das sei ihr Problem.

Bei der jährlichen Tagung der Weltspitzenmanager im Schweizer Wintersportort Davos meinte unlängst ein Experte der Wirtschaft: »Wer heute nicht Angst vor der Zukunft hat und bei den Aussichten resigniert, der ist dumm. Der weiß nicht, was die Stunde geschlagen hat.« Ohne Widerspruch und Kritik konnte ein bekannter Spitzenmanager vor 500 Wirtschaftsführern folgendes Bild für unsere Zeit gebrauchen: »Stellen Sie sich vor, Sie fahren mit Ihrem Auto auf einer eisglatten, abschüssigen Straße. Plötzlich schleudert der Wagen und Sie müssen abbremsen. Aber umsonst: die Bremsen funktionieren nicht. Sie versuchen gegenzusteuern. Auch das ist umsonst: die Räder reagieren nicht. Alle bekannten und gelernten Möglichkeiten und Mittel versagen – und mit offenen Augen schleudern Sie in die Katastrophe hinein. Das ist die Lage, in der wir uns zur Zeit befinden. Keine Rechnung geht mehr auf.«

»Schneller vorwärts! Aber wohin? Danach fragt ihr überhaupt nicht, ihr Narren!«, beschreibt Georges Bernanos die Stimmungslage im Fortschrittszeitalter. Und Stuttgarts langjähriger Oberbürgermeister Manfred

Rommel sieht die große Koalition der Ratlosen so: »Eine Masse setzt sich in Bewegung: Die hinten glauben, die vorne wüssten, wo es hingeht. Die vorne meinen, sie würden geschoben und die hinten kennten das Ziel.«

Ohne klares Ziel gibt es eben keinen Weg. Zielorientiert leben heißt, den richtigen Weg einschlagen. Der falsche bringt uns nämlich dem Ziel nicht näher, auch nicht bei noch so schnellem Fortschreiten. Die meisten verdoppeln ihre Aktivitäten, wenn sie das Ziel aus den Augen verloren haben. Im Eiltempo gehts in die Sackgasse.

Tragisch, wenn das Geisterschiff des Fortschritts mit leerer Kommandobrücke fährt. Die trügerische Sicherheit der Titanic. An Bord die Orgie der Verzweiflung, während rasanter Fortschritt mit Volldampf in die Katastrophe führt.

Orientierung tut not. Vorbilder sind gefragt, Autoritäten gesucht. Menschen mit Kompetenz und Glaubwürdigkeit, keine ideologischen Quacksalber mit rosaroten Versprechungen. Leute, die unser Vertrauen verdienen. Vorbilder, die uns nicht zu Abziehbildern machen, sondern die uns mitziehen. Eine Seilschaft auf dem Weg zum Ziel.

Elisabeth Noelle-Neumann, Nestor der Demoskopie, hat wie niemand sonst die Seele der Nation erforscht. Mitte 1997 hatte ihr Allensbacher Institut 50. Jubiläum. Befragt, was das erschütterndste Ergebnis aller Umfragen für sie persönlich sei, meint sie: »Die Antworten der Eltern auf die Frage, worin sie ihre Kinder beeinflussen wollen. Am wenigsten nämlich im Glauben, in ihren Überzeugungen, in ihren Werten. Ein Irrweg, traurig für Eltern und Kinder.« Rückkehr zum Glauben an Gott heißt aber auch: Abkehr von den Götzen. Dass wir endlich einsehen, dass der Mensch mehr ist als die Summe seiner Leistungen. Dass Konjunkturschwung etwas anderes ist als Lebensschwung. Dass wir Gott nicht einfach abmelden können, sonst sind wir selbst bald abgemeldet. »Die schwerste Krankheit unserer Zeit ist der Abfall des Menschen von Gott. Wir haben Ersatzgötter geschaffen, und damit begann unser Sturz« (Axel Springer).

Der stolze Machbarkeitswahn mit seinem ungetrübten Fortschrittsoptimismus hat längst einer gewaltigen Götterdämmerung Platz gemacht.

Die Zeitanalysen der Literatur zeichnen immer dunklere Farben. Der freudige Optimismus hat längst der Angst vor der Zukunft Platz gemacht. Die träumerischen Erwartungen vom Goldenen Zeitalter sind enttäuscht worden. Geblieben ist der bittere, lähmende Pessimismus. Ernüchtert greifen plötzlich junge französische Intellektuelle, allesamt von der radikalen Linken kommend, zur Feder und schlagen einen Karl Marx mit dessen eigenen Waffen. *Sein* System sei nämlich »ein Opium des Volkes« – und nicht der christliche Glaube. Wie sich die Zeiten ändern!

Nüchtern geworden aus dem Zukunftsrausch sind heute die meisten ehemaligen Träumer. Bleibt nur die Frage, wie sie mit dem Gegenwartskater fertig werden wollen. Rückzug in die Resignation ist heute an der Tagesordnung. Der Erlanger Theologe Professor Slenczka spricht von einer Angstepidemie: »No future – das ist ein Ausdruck von Sorge und Angst. Sie überfallen den Menschen und beherrschen ihn. Sie sitzen nicht im Kopf, sondern im Herzen und damit im Lebenszentrum. Sorge und Angst wirken ansteckend, sie sind geradezu epidemisch.« Angst breitet sich wie ein Flächenbrand aus. Aber keiner scheint da zu sein zum Löschen, zum Motivieren.

Inzwischen müssen selbst die Künder der Resignation erkennen, dass ihre Botschaft eine »Ohne-mich-Bewegung« der »Aussteiger« in Gang gesetzt hat. In einer denkwürdigen Rede meinte Bundeskanzler Helmut Kohl: »Jene, die als falsche Propheten auf mancherlei Kathedern und Kanzeln stehen und ihren Kulturpessimismus über unsere Zeitgenossen ausgießen, verdienen zwar persönlich sehr gut dabei, aber sie leisten keinen Beitrag zur Zukunft unseres Landes.«

Hoffnungslosigkeit erzeugt Angst. Und Angst lähmt die Initiative. Wenn es nichts mehr zu hoffen gibt, lohnt sich auch keine Anstrengung. Bleibt die Flucht ins Ich, so dass der amerikanische Gesellschaftskritiker Tom Wolfe zu Recht vom »Jahrzehnt des Ich« (»The Me-Decade«) sprechen kann. Unsere müde Kultur ist Ergebnis der Resignation und damit Kennzeichen der Zukunftslosigkeit. Zukunftslosigkeit aber ist Ziellosigkeit, und diese geht zurück auf Hoffnungslosigkeit. Ein teuflischer Kreislauf.

Die Glaubensbekenntnisse unserer Zeit sieht man an den Häuserwänden. Und diese Sprühflaschenphilosophie deckt den jetzigen Zustand einer ehemals hoffnungsmotivierten Generation radikal auf. »No future« steht da, »no hope«. An einem Bauzaun konnte man lesen: »Die Zukunft wird wegen mangelnder Beteiligung abgesagt.« Verschiedene Parolen, die immer dasselbe ausdrücken: Protest gegen das Bestehende in der Gegenwart und Angst vor dem Kommenden in der Zukunft. »No future« lautet das »Zeitgefühl in knappester Zusammenfassung« (R. Slenczka).

»Macht kaputt, was euch kaputtmacht« – Zerstörung als Heilmittel? Auf einer Besucherbank im Deutschen Bundestag hat jemand ungelenk, aber deutlich eingeritzt: »Legal, illegal, scheißegal.« Eine Gesellschaft ohne Hoffnung ist auch immer ohne Werte, Maßstäbe und Orientierung. »Wenn Gott nicht existierte, so wäre alles erlaubt«, schrieb schon Dostojewski.

»Ich gehe kaputt, gehst du mit?«, heißt es auf einem Meinungsknopf. Ideologie endet in Resignation oder in Terrorismus. Denn wo nichts mehr zu hoffen ist, kann man »abtauchen« oder auch alles zerstören – und sich selbst gleich mit. Einer der besten Kenner der Radikalenszene, der frühere Hamburger Verfassungsschutzpräsident Horchem, hat auf den entscheidenden Unterschied der heutigen »Alternativszene« zur Studentenbewegung der späten 60er Jahre hingewiesen. Damals sei – nach dem Motto: soll das alles sein? – die revolutionäre Veränderung der Gesellschaft das Motiv für die Aktionen gewesen. Man wollte etwas – wenn auch Falsches – aufbauen. Heute, so Horchem, steigt man aus, »und den Abgang begleitet man mit lautem Türenschlagen«.

»No future« – das ist die Parole für schleichenden Tod und systematische Selbstzerstörung. Von daher ist es gar nicht verwunderlich, wenn linksalternative Politiker gleichzeitig für Abbau des Waldsterbens und Ausbau der Abtreibungsfreigabe eintreten, oder die Haschisch-Freigabe im gleichen Atemzug mit Luftverschmutzungsverbot nennen. Während man dem Regenwald neues Leben einflößt, soll es die tödlichen Drogen auf Rezept in der Apotheke geben.

Man macht eben das, wozu man gerade Lust hat. Unter dem verführerischen Etikett »Selbstverwirklichung« verschwendet man sein Leben und opfert das der anderen. Zutreffend meint der berühmte Wiener Psychotherapeut Victor E. Frankl: »Der Rummel um die Selbstverwirklichung ist ein Symptom des Scheiterns. Selbstverwirklichung sucht nur derjenige, der unfähig ist, den Sinn seines Lebens in etwas anderem zu finden als in seinem Egoismus.«

So wird das Lustprinzip zum Dogma der Hoffnungslosen. Und Trieberfüllung wird mit Sinnerfüllung verwechselt. Die führenden politischen Meinungsmagazine sehen Deutschland »auf dem Egotrip« (FOCUS). Und es ist der linksliberale SPIEGEL, der Mitte 1997 seine Titelgeschichte unter die Balkenüberschrift »Der Tanz ums goldene Selbst« stellte. Ein Lebensstil setze sich durch, so heißt es, der aus Eigen-liebe und Exhibitionismus gemixt ist. Alle Schamschwellen werden schwungvoll überwunden, wenn zotige Zappeltanten ihren TalkShow-Schwachsinn loslassen und Leute mit bravem Gesicht und echtem Namen die letzten Tabus brechen.

Diese radikale Ich-Bezogenheit, die die verzweifelte Suche nach Sinn und Zukunft überspielen soll, führt zu »Atomisierung, Entsolidarisierung, Werteverfall, Egoismus, Anspruchsdenken« (SPIEGEL). Und daran geht unsere moderne Gesellschaft zugrunde. Wer wagt da eigentlich noch, über die Bibel zu spotten?! Deren Nachrichten »von gestern« sind nun wahrlich von heute!

Ego-Ratgeber füllen die Regale der Buchhandlungen und deren Titel reichen von »Hilf dir selbst, sonst hilft dir keiner« über »So siegt man ohne zu kämpfen« bis zu »100 Schritte zum Glücklichsein«. Der Egoismus feiert Triumphe – alles nach dem Motto: Wenn jeder an sich selbst denkt, ist doch an alle gedacht. Wenn jeder nimmt, was er braucht, so haben alle genug. Ein bekannter Werbetexter hat »das erste Gebot unserer Generation« so formuliert: »Nimm deine eigenen Bedürfnisse wichtiger als alles andere und erfülle deine Wünsche konsequent.

Egal, wer darunter zu leiden hat. Hauptsache, du entbehrst nichts.«

Bodenloser Individualismus hinterlässt Menschen ohne Halt. Reduziertes Leben ist die Folge, weil man nie genug bekommen kann. Der »Tanz ums goldene Selbst« bringt vielleicht Befriedigung. Aber Zufriedenheit? Ganz zu schweigen von Frieden. Dabei sehnen wir uns doch nach tiefem inneren Frieden. Der hängt jedoch mit der Lösung der Sinnfrage zusammen.

Ein Leben ohne Zukunft ist ein Leben ohne Frieden. Denn wer dauernd Angst haben muss, etwas zu verpassen, der wird nie zur Ruhe kommen.

Etappenfahrt der Enttäuschungen

Umfragen zeigen: das vorherrschende Gefühl unserer Tage ist der Pessimismus. Technik und Chemie werden die Umwelt gänzlich zerstören, meinen viele der Befragten. Sie rechnen mit einem Untergang der Welt durch einen Atomkrieg. Aber interessant ist, dass nicht nur äußere Einflüsse Ursachen der Hoffnungslosigkeit sind. Vielmehr fürchten sich gerade junge Leute heute vor dem seelischen Erfrierungstod im Eisschrank einer kalten Welt. Die Menschen würden sich immer mehr isolieren und nur noch an sich denken. Eine Forsa-Umfrage ermittelte Ende 1997, dass nur 13 Prozent der Deutschen mit sich und ihrem Leben restlos zufrieden sind.

Die Urangst der Ungeborgenheit wird lebendig. Man lebt gleichgültig und teilnahmslos nebeneinander her. »Kein Mensch kennt den anderen. Jeder ist allein«, schreibt Hermann Hesse. Und der große alte Mann der deutschen Sozialdemokratie, Georg Leber, bilanziert:

»Vieles ist kälter geworden; und die Solidarität lässt nach.«

Der Mensch ohne Hoffnung ist der Mensch ohne Heimat. Ohne Geborgenheit und Wärme. Wo keine Zukunft ist, da ist auch keine Kraft. »Weh' dem, der keine Heimat hat« (Nietzsche).

Genau das, was der Atheist Ernst Bloch mit seinem »Prinzip Hoffnung« übertünchen wollte; was die neomarxistische Frankfurter Schule mit ihrer »Kritischen Theorie« der Abschaffung Gottes zugunsten der Inthronisation des Menschen überspielen wollte; genau das ist jetzt aufgebrochen: Der Mensch schlafft ab, weil er *innerlich* leer ist. Er schreit »no future!«, weil sein *persönlicher* Lebenskreis immer enger wird. Er sucht in der Isolation seiner eigenen vier Wände etwas Wärme, weil er in der kalten Welt friert.

Ich bin es ja, der keine Lehrstelle bekommt. Ich bin es ja, der sinnlos studiert, um jenseits des Examens auf der Akademikerhalde zu landen. Ich bin es ja, der ohne Arbeit ist. Der einen Berufsweg einschlagen muss, den ich eigentlich gar nicht will. *Meine* Zukunft ist ja verbaut. Ich bin es, der dauernd aus dem Tritt kommt.

Ja, es stimmt: Morgen für Morgen knote ich meinen Lebenskahn los und rudere mit sehnsuchtsvollen Schlägen auf die Höhe des Hoffnungsmeeres. Und abends liege ich im Bett und ziehe Bilanz: Auch dieser Tag hat es wieder nicht gebracht. Und dieses dauernde Pendeln zwischen Erwartung und Enttäuschung wird zum bleibenden Rhythmus eines hoffnungslosen Lebens.

Der alte Mann und das Meer – das ist unsere Geschichte. Vielleicht Ihre Geschichte. Nur wollen Sie es nicht wahrhaben. Sie haben die Maske des Optimisten aufgesetzt. Aber innerlich sind Sie längst kaputt. Sie bewahren krampfhaft die Fassade, aber nachts können Sie nicht einschlafen, weil alles so sinnlos ist. »No future« – das lassen Sie die anderen schreiben, und es ist doch das Thema Ihres Lebens ...

Eine Rock-Gruppe drückt das so aus: »Froh sein ist leicht, wenn man erreicht das ersehnte Ziel. Wie bitter jedoch, wenn stets nur ein Loch, wo Sehnsucht versinkt und anschließend stinkt. Man weiß nicht wohin. Da fragt man sich: hat das Leben noch Sinn?« So kann man nicht existieren, höchstens vegetieren.

Also muss man heraus aus der No-future-Mentalität. Und der Erfindungsreichtum der Ängstlichen ist grandios. Die einen resignieren, lassen sich hängen. Die anderen packt die nackte Wut. Denn, so der Psychotherapeut Victor E. Frankl, »in das existenzielle Vakuum wuchern aggressive Impulse«. Oder wie der Filmregisseur Marcello Mastroianni meint: »Das Problem der heutigen Jugend liegt darin, dass sie sich nicht als Baufirma, sondern als Abbruchunternehmen versteht.« »Macht kaputt, was euch kaputt macht!«, lautet die Parole.

Oder man ergreift die Flucht. Ein Whisky in der Hand lässt selbst einen Schwächling stark erscheinen. Denn es sind ja bekanntlich harte Männer, die ihn trinken. Die Sexualität pervertiert zum Hochleistungssport, und die Drogen sollen wenigstens für Stunden die quälenden Fragen vergessen machen. Was bleibt, sind menschliche Wracks.

Ohne Hoffnungen leben heißt, ohne Ziel leben. Zielloses Leben aber ist ein Leben ohne Orientierung. Ein Mensch ohne Orientierung aber ist haltlos. Er wird hin- und hergeworfen auf den Wogen des Zeitgeistes und treibt hilflos im Strom selbstgesetzter Ideale.

Man kann das auch ganz bürgerlich tun. Man lebt von

Etappe zu Etappe und hofft, dass es später einmal besser wird. Das Kind sagt: Wenn ich erst groß bin und zur Schule komme ... Der Schüler träumt davon, endlich dem Leistungsdruck zu entfliehen und die Freiheit des selbstgewählten Berufes zu genießen. Dann steht man vor den verschlossenen Türen des Arbeitsmarktes und redet sich ein: Eines Tages wird es soweit sein; dann kommt die große Karriere. Aber erst einmal kommt die große Liebe. Und die geht auch schnell wieder in die Brüche. Später, wenn die Familie da ist und der Berufsalltag zum lästigen Trott wird, dann sagt man sich: Wenn die Kinder aus dem Haus sind und die Pensionsgrenze überschritten ist, dann bin ich am Ziel meiner Träume. Dann heißt es, den Lebensabend genießen. Und schließlich sitzt man da; die Kräfte lassen nach; der Ehepartner ist gestorben; die Kinder haben einen abgeschoben. Und auf dem Sterbebett fragt man flüsternd mit fiebrigen Lippen: Habe ich noch Hoffnung?

Da geht man von einer Pleite zur anderen. Die Hoffnungen zerplatzen wie Seifenblasen. Und bei dem Wort »Zukunft« erschrickt man. Günter Grass, sonst beredter Propagandist des neomarxistischen Fortschrittsoptimismus, bezeichnet sich als »Familienvater, dessen Kinder in eine Welt hineinwachsen, die notorisch falsche Hoffnungen macht, doch – gründlich geprüft – ohne Hoffnung ist.« Den Optimisten ist ein Scherbenhaufen geblieben. Die Zukunft scheint verriegelt. Die Hoffnung ist abhanden gekommen. Der frühere Bundeskanzler Helmut Schmidt meinte in einem Interview: »Wir haben heute zu viele Propheten des Pessimismus. Was wir brauchen, sind Propheten des Optimismus.« Woher aber nehmen und nicht stehlen?!

Bert Brecht schreibt: »Ich gestehe es: ich habe keine

Hoffnung. Die Blinden reden von einem Ausweg – ich sehe. Wenn die Irrtümer verbraucht sind, sitzt als letzter Gesellschafter uns das Nichts gegenüber.« Bei einem solchen Ziel sind die Lebensetappen Selbstmord auf Raten.

Dass man mit einer solchen No-future-Mentalität nicht leben kann, erkennt auch der Philosoph Martin Heidegger: »Wenn Gott als der übersinnliche Grund und das Ziel alles Wirklichen tot ist ..., dann bleibt nichts mehr, woran der Mensch sich halten und wonach er sich richten kann ... Der Nihilismus, ›der unheimlichste aller Gäste‹, steht vor der Tür.«

Blattgold oder Sprühflasche?

Es war in Freiburg. Mein Hotel liegt nahe der Universität. Vor dem Vortrag ein kurzer Spaziergang zum Münster. Auf dem Rückweg komme ich an dem prächtigen roten Sandsteinbau der Hochschule vorbei. Lange stehe ich davor und betrachte die Fassade. Alle Parolen, über die wir nachgedacht haben, sind an die Wände gesprüht. Eine fasst das zusammen, was man als Grundgefühl unserer Generation bezeichnen könnte: »No hope, no dope, no future.« Keine Hoffnung; keine Rauschmittel, um der Hoffnungslosigkeit zu entfliehen; keine Zukunft.

Wenn das, so muss ich denken, das letzte Wort ist, dann ist alles aus. Denn wir brauchen doch Hoffnung zum Leben wie den Sauerstoff zum Atmen. Ohne Zukunft gehen wir kaputt. Ist denn keiner da, der wie ein Sonnenstrahl unsere innere Kälte erwärmt und unser dunkles Leben erhellt?

Und dann sehe ich an der Freiburger Universitätsfassade ein anderes Wort. Nicht ungelenk mit Sprühflasche in Rot – es ist eingemeißelt und mit Blattgold ausgemalt. Direkt über dem halbrunden Vorbau des Eingangsportals. Mitten über dem Pessimismus der Sprühflaschen-Philosophie leuchten die goldenen Worte: »Die Wahrheit wird euch frei machen.«

Frei machen! Ist das der Schlüssel, der unser Gefängnis der Zukunftsangst aufschließt? Ist das die Sonne, die uns Wärme und Orientierung gibt? Frei machen – danach sehnen wir uns doch im Tiefsten.

Die Universitätsleitung lässt in regelmäßigen Abständen die Sprühparolen entfernen. Der Blattgoldspruch aber hat die wechselvollen Epochen der Geschichte überdauert. Er wurde immer wieder erneuert. »Die Wahrheit wird euch frei machen.«

Was ist denn das Geheimnis dieses Satzes? Eines ist klar: Tausend Putzkolonnen können das Motto »No future« nicht aus unserem Leben verbannen – höchstens von Häuserfassaden. Und der in Stein gehauene Spruch bleibt leblos, wenn wir dem Geheimnis nicht auf die Spur kommen.

Wir haben Zukunft!

»Die Wahrheit wird euch frei machen« – ist das vielleicht die Antwort auf unsere quälende Frage »No future«? Ist das die Begründung unserer Behauptung: Wir haben Zukunft? Ist das das Geheimnis, um Resignation zu überwinden, Hoffnung zu bekommen und Motivation zu finden?

Ist die frei machende Wahrheit das Ziel unserer Sehnsucht? Treffend hat die bekannte Psychagogin Christa Meves festgestellt: »Manches Aussteigertum verdeutlicht die mangelnde Tragfähigkeit nur äußerer, nur oberflächlicher Lebensziele, also den Zeitgeist der ›sieben fetten Jahre‹. Die junge Generation ist eine seelisch hungrige Generation.« Hoffnungshunger lässt sich eben weder durch materielles Schlaraffenland noch durch utopistische Träumereien stillen. Die Zukunftsfrage ist letztlich der Schrei nach Wahrheit.

Die Wahrheitsfrage

»Die Wahrheit wird euch frei machen« – dieses Wort am Hauptportal der Freiburger Universität bezeugt die tiefe Erkenntnis, dass die Zukunftsfrage entscheidend mit der Wahrheitsfrage zu tun hat. Die Zukunftsfrage ist zunächst keine bloße individuelle Schicksalsfrage. Die letzte Antwort muss allgemein gültig sein. Sie muss für jeden gelten. Und genau das ist ja Wahrheit: etwas, was zu allen Zeiten an jedem Ort für jeden Menschen gleich gültig ist.

Wenn ich nach der Zukunft frage, dann frage ich nach dem Sinn überhaupt. Nach dem Ziel der Weltgeschichte und nach dem Ziel, das mein kleines Leben darin hat. Unsere Behauptung »Wir haben Zukunft« hängt also mit der Wahrheitsfrage zusammen. Sie muss sich auf Wahrheit hin überprüfen lassen.

Es stimmt: Nur die Wahrheit kann uns frei machen! Frei von den quälenden Sehnsüchten und den zweifelnden Fragen. Denn in uns Menschen steckt eine tiefe Sehnsucht nach der Lösung der Zukunftsfrage. Wir wollen nicht ins Ungewisse gehen. Wer von uns kennt nicht die schlaflosen Nächte, wenn der bohrende Zweifel und die zermürbende Frage an uns heranschleichen: Was wird denn kommen? Wohin geht die Fahrt? Was bringt die Zukunft?

Die Frage nach der Zukunft ist keine Gedankenspielerei. Sie hat mit der Zielfrage unseres Lebens zu tun. Und damit mit dem letzten Sinn. Niemand geht doch an einen Fahrkartenschalter der Eisenbahn und löst »eine Fahrkarte für fünfzig Mark geradeaus«. Man gibt sein Ziel an und reist zielstrebig und zielgerecht dorthin.

Danach sehnen wir uns für unser Leben. Wir müssen das Ziel kennen, um uns auf unserer Lebensfahrt orientieren zu können. Gewissheit über die Zukunft macht das Leben erst sinnvoll und lebenswert. Hinter der Frage »Was kommt auf uns zu?« steckt die nackte und brutale Anfrage: »Worauf wollen wir denn bauen? Wo liegt denn das Fundament, wenn alles zerbricht?«

Die ungelöste Zukunftsfrage macht krank. Wer keine Hoffnung hat, für den wird das Leben eine Qual. Deshalb brauchen wir Antwort. Und diese Antwort muss allgemein gültig sein. Nur wenn der gesamte Kosmos einen Sinn hat, findet auch mein kleines Leben darin seinen Platz. Nur dann haben wir auch eine gültige Antwort für unsere eigene Existenz. Quälende Sehnsucht und zweifelnde Fragen lähmen unsere Kraft.

»Die Wahrheit wird euch frei machen« – frei von dem zermürbenden täglichen Begraben unserer selbstgemachten Zukunftspläne und selbstgesetzten Hoffnungsideale. Denn wer hat eigentlich das Recht, das lösende Wort zur Zukunftsfrage zu sprechen? Wer oder was ist gültig, absolut und wahr? Denn nur das, was wahr ist für den Kosmos, ist auch wahr für meine Zukunft.

Es gibt doch Tausende von Hoffnungsangeboten. Ideologien und Philosophien, Religionen und Weltanschauungen – allen geht es um das Glück des Menschen und die Lösung der Zukunftsfrage. Ob griechisches oder römisches Denken, ob Plato oder Aristoteles, ob Marx oder Mao: ihnen allen ging es um die Lösung der Zukunftsfrage. Ob Hare Krishna oder Scientology, ob Mun oder Bhagwan: »eine glückliche Zukunft« lautet ihr Versprechen. Mit verlockendem Blendax-Lächeln verspricht man gegen klingende Münze einer angsterfüllten Generation Hoffnung für die Zukunft. Aber eines kann doch nur wahr sein! Es stimmt: Nur die Wahrheit kann uns frei machen.

Diejenigen, die das an die Freiburger Universität schrieben, haben gewusst, was sie meinten. Das ist nicht der »Lebendige Geist«, der in humanistischem Idealismus das Heidelberger Universitätsportal ziert. Es ist ein Zitat aus der Bibel. Ein Wort aus dem Johannesevangelium (8,32). Und mit »Wahrheit« ist in der Bibel kein Prinzip gemeint. Erst recht kein menschengemachtes und menschengedachtes System. Wahrheit ist eine Person: Jesus Christus.

Die Wahrheit, die frei macht, ist der, der von sich sagen konnte: »Ich bin der Weg und die Wahrheit und das Leben« (Joh 14,6). So steht es übrigens in lateinischen Worten im Gründungssiegel der Universität Tübingen. Das ist der aufregendste Satz, der je in dieser Welt gesprochen wurde. Das ist das Exklusivste und Absoluteste, was die Menschheit je gehört hat. Jesus Christus deutet auf sich: *ICH* bin die Wahrheit, die frei macht.

Das heißt doch in logischer Konsequenz: Alles andere ist Lüge. Alles andere ist Illusion. Alles andere ist Verführung und Hoffnungsbetrug. Wenn ihr wissen wollt, was euer Leben für einen Sinn hat und worin die Zukunft der Welt liegt, dann müsst ihr euch an mich wenden! An Jesus Christus. Das ist kein frommer Notausgang aus dem Labyrinth ungelöster Fragen. Das ist entweder die einzige Antwort oder der gigantischste Betrug der Weltgeschichte.

Allein geht man ein

Jeden, der bereit ist, konsequent zu denken, fordert dieser Anspruch Jesu heraus. Denn dahinter steckt die nüchterne Erkenntnis, dass wir Menschen selbst uns die Zukunftsfrage nicht beantworten können. Man kann schließlich nicht nach einer Orientierungsmarke segeln, die man sich selbst an den Bug seines Schiffes genagelt hat.

Eugène Ionesco, der Dramatiker und Erfinder des absurden Theaters, hat gesagt: »Rundheraus, ich hege kaum noch Hoffnung, dass der Mensch aus eigener Kraft heraus zur Umkehr fähig ist – ohne Hilfe von jemandem, der Gott, der Jesus Christus heißt. Von dem Menschen kann man nichts mehr erwarten. Der Mensch, auf sich gestellt, geht zweifelsohne seinem Verderben entgegen.« Nüchterner kann man es wohl kaum sagen, ernüchternd sozusagen: Von den Menschen – also von Menschengemachtem und Menschengedachtem, von Philosophien, Ideologien und Religionen – kann man nichts mehr erwarten. Der auf sich gestellte Mensch ist hoffnungslos dem Verderben ausgeliefert. Allein geht man ein.

Die Angst vor dem Alleinsein, vor dem Ausgeliefertsein an die hoffnungslose Welt, greift rapide um sich. Steven Spielberg ist der erfolgreichste Regisseur aller Zeiten. Der Erfinder des »Weißen Hai« hat mit acht Filmen 5,4 Milliarden Mark eingespielt. Action- und Abenteuerfilme wie »Indiana Jones und der Tempel des Todes« füllen weltweit die Kinos. Einer der meistgesehenen Filme aller Zeiten war sein 1993 in Hollywood gedrehter Streifen »Jurassic Park«. In den Universal-Studios kann man heute die eindrucksvollen Kulissen bestaunen. Dem Juden Spielberg, dem wir den bewegenden Film »Schindlers Liste« verdanken, geht es darum, den Einbruch von Angst und Horror in unsere Welt darzustellen. Er will den Beweis führen, dass selbst der hohe technische Standard einer Welt, die ins dritte Jahrtausend aufbricht, diesen Realitäten nicht ausweichen kann.

Ist es einmal »Der weiße Hai«, der aus einem friedlichen Badeort einen Ort des Schreckens macht, so sind es in »Jurassic Park« oder »Vergessene Welt« Dinosaurier, die unseren Planeten bedrohen. Eigentlich für einen gewinnträchtigen Tierpark auf einer abgelegenen Insel geklont, durchbrechen sie die von Menschen errichteten Sicherungsanlagen. In »Vergessene Welt«, seit 1997 in den Kinos, stapfen die Riesendinos durch San Diego und verzwergen, ähnlich wie »King Kong« in New York, die menschliche Zivilisation.

Das Machbare wird plötzlich winzig klein und unbedeutend. Der Maßstab des alles beherrschenden Menschen wird bewusst dort infrage gestellt, wo er eigentlich konkurrenzlos sein sollte: im Herzen der Zivilisation, in der Stadt. Von Spielberg stammt aber auch der Welthit »E.T. – der Außerirdische«. »E.T.«, das ist das Wesen, das aus dem Weltraum kommt, Wunder tut, dauernd Nähe und Wärme verspricht und den Menschen hilft.

In einem Presseinterview wurde der »E.T.«-Erfinder gefragt: »Halten Sie eigentlich den Zustand dieser Welt für so schrecklich, dass man Märchen wie ›E.T.‹ braucht, um für zwei Stunden zu entfliehen?« Darauf Spielberg: »Die Welt hat immer Märchen gebraucht. Ich spüre, dass Menschen sich nach einem Freund aus einer anderen Welt sehnen, denn auch ich fühle mich leer und allein. Und dann mache ich eben ›E.T.‹ und befriedige damit offensichtlich ein allgemeines Bedürfnis.«

Ein Märchenwesen gegen das Alleinsein? Die »gute Fee« als Garant für die Zukunft? Das zeugt entweder von tiefer Hoffnungslosigkeit oder vom Rückfall in den Kleinkinderglauben. Spielberg sagt: »Von ›E.T.‹ habe ich mein ganzes Leben lang geträumt. Ich habe ihn erfunden, als ich zehn Jahre alt war. Ich wollte einfach ein Wesen aus dem All als besten Freund haben.« Da leugnet man also hartnäckig-marxistisch jede Transzendenz; aber im Science-fiction-Stil will man seine Einsamkeit bekämpfen. Die Diagnose ist richtig: Allein geht man ein! Nur muss doch die Therapie mehr sein als ein Holzkopf an Fäden!

Wir brauchen Wahrheit. Wahrheit von außen, Antworten, die jenseits unseres Denkens liegen. Martin Heidegger, dessen Lehre eher zur Demontage Gottes beigetragen hat, musste am Ende seines Lebens gestehen – und sein Satz ging als Schlagzeile um die Welt: »Nur ein Gott kann uns noch retten.«

Und Peter Maffay ist es, der den sehnsuchtsvollen Schrei jedes Menschen in einen Schlagertext kleidet: »Lieber Gott, wenn es dich gibt, dann komm in unsere Einsamkeit; dann zeig uns deinen Weg.« Es wurde der Hit des Jahres 1982.

Es ist das tiefe Wissen eines Menschen, dass nur die Wahrheit Sinn und Ziel setzen kann. Dass nur von dieser Zukunftsperspektive her der Weg in der Gegenwart gezeigt werden kann. Es stimmt: Allein geht man ein!

An Jesus Christus vorbei lässt sich die Zukunftsfrage nicht lösen. An der Wahrheit gibt's kein Vorbei. Veränderung des Lebens und Veränderung der Welt sind ohne Jesus zum Scheitern verurteilt. Der renommierte Stuttgarter Sozialphilosoph Günter Rohrmoser schreibt: »Die Verkündigung der christlichen Wahrheit muss am Anfang stehen, denn nur sie kann uns frei machen. Aus der Befreiung und aus der Erneuerung des Sinns geht die sittliche Erneuerung der Gesellschaft hervor, ohne die eine Veränderung der Welt eine eitle Hoffnung wäre.«

»Wir haben Zukunft!« Das sagen Leute, die befreit sind durch die Wahrheit Jesus Christus. Befreit zu Hoffnung und Verantwortung. »No future!« Das ist das Glaubensbekenntnis eines jeden Menschen, der das als frommen Firlefanz in den Wind schlägt und lieber an seinem eigenen Elend kaputt gehen will.

Für jeden halbwegs denkenden Menschen ist es doch alarmierend, wenn ausgerechnet einer der Gründungsväter der neomarxistischen Frankfurter Schule, der die Abschaffung Gottes zur Grundbedingung einer neuen Gesellschaft machte – Max Horkheimer –, kurz vor seinem Tod zum Entsetzen seiner Schüler Habermas und Marcuse erklärte: »Politik ohne Theologie ist absurd. Alles, was mit Moral und Menschlichkeit zusammenhängt, geht auf die biblische Botschaft zurück. Und die Rebellion der heutigen Jugend ist eine unbewusste Verzweiflung, hinter der die ungestillte religiöse Sehnsucht steht.« Das ist die nüchterne Erkenntnis eines Gelehrten, dessen »Kritische Theorie« ganze Generationen in die Hoffnungslosigkeit getrieben hat, dass es letztlich menschen*unmöglich* ist, die Zukunftsfrage zu lösen. Dass es eine Illusion ist zu meinen, man brauche nur die Ärmel hoch zu krempeln und an die Vernunft zu appellieren, und das Paradies auf Erden sei von denen, die guten Willens sind, im Do-it-yourself-Verfahren machbar.

Das ist eben der Irrtum der Ideologien. Sie träumen von einem Ziel, das sie erst selbst erreichen wollen. Sie planen ihre Zukunft selbst und hoffen, dass irgendeine Generation die Erfüllung einmal erleben wird. Ideologie und Utopie sind immer Zwillinge, denn Zukunft nach der Selbstbaumethode hält konsequentem Denken nicht stand. Da muss man schon träumen können. Oder über genügend Machtmittel verfügen, um seine Anhänger gewaltsam bei der Stange zu halten.

Ideologien sind auf dem Wege *zum* Ziel. Christus aber kommt selbst *vom* Ziel. Und hierin liegt die tiefe denkerische Begründung für unsere Behauptung: Wir haben Zukunft!

Wer kommt auf uns zu?

Unsere Hoffnung ist nicht auf Ereignisse oder gar Träume fixiert. Erst recht liegt sie nicht im Bereich menschlicher Machbarkeit. Das Thema der biblischen Eschatologie (Lehre von den letzten Dingen) ist nicht »die Zukunft«, sondern »der Zukünftige«. Unsere Hoffnung ist eine Person: Jesus Christus. Unsere Zukunft ist der, der vor 2000 Jahren seinen Fuß auf diese Erde setzte und die Welt nicht nur Wahrheit lehrte, sondern selbst die Wahrheit war. Der, der keine großen Worte machte, sondern eine einzige große Tat: der am Kreuz starb, damit eine ganze Menschheit leben kann. Jesus Christus – kein fantasierender Träumer von einer heilen Welt und einer machbaren Zukunft, sondern der realistische Garant einer neuen Welt.

Christen fragen nicht zuerst danach, *was* kommt, sondern *wer*. Schon die Zukunftserwartung des Alten Testamentes richtete sich nicht auf *das* Kommende, sondern auf *den*, der kommt (Mal 3,1). In den Gleichnissen Jesu spielt der Bezug zur Zukunft eine entscheidende Rolle. Und immer wieder geht es um Christus, der als Person wiederkommt.

Beim Abendmahl verkündigt man »den Tod des Herrn, bis *er* kommt« (1. Kor 11,26). Paulus schreibt unüberhörbar nach Korinth: »Hoffen wir allein in diesem Leben auf Christus, so sind wir die elendesten unter allen Menschen« (1. Kor 15,19). Die biblische Zukunftserwartung ist untrennbar mit der Person des wiederkommenden Christus verbunden. Es ist also geradezu symbolisch, wenn der allerletzte Ausspruch der Bibel lautet: »Ja, *ich* komme bald. Amen, ja, komm, *Herr Jesus*« (Offb 22,20).

Christen warten auf ihren Herrn, nicht auf Erscheinungen, Ereignisse und Erfahrungen. Die Zukunft ist also nicht, wie Harvey Cox meinte, das, »was der Mensch aus ihr macht«. Sie ist das, was Gott tut – nämlich die neue Welt. Und wen Gott schickt – nämlich seinen Sohn Jesus Christus. Christen erwarten Christus. Sie erwarten als Erlöste den Erlöser. Sie erwarten die ewige Gemeinschaft mit ihm. Wer auf Christus wartet, der wartet auf den Garanten der neuen Welt (Offb 21).

Und seine Garantiekarte ist nicht »Das Kapital« als wertloses Dokument oder das bloße Prinzip einer Hoffnung. Seine Garantiekarte ist eine historische Tat: die Auferstehung Jesu Christi von den Toten. Denn so wahr Jesus von den Toten auferstanden ist; so wahr dies nicht Geschichten sind, sondern Geschichte ist und das leere Grab sogar Programmpunkt von Staatsbesuchen in Israel ist; so wahr dieser Jesus den Tod überwunden hat und wir nicht nur fühlen, sondern wissen, dass er lebt – so wahr ist auch das andere Datum der Weltgeschichte: Dieser Jesus Christus wird wiederkommen, um diese Erde zu erneuern. Wir haben Zukunft, weil wir den Zukünftigen haben. Die Herren dieser Welt gehen, unser Herr aber kommt. Und er legitimiert seine Ankündigung mit der historischen Tatsache seiner Auferstehung.

Man kann mit der Bibel nicht umgehen wie mit einem Selbstbedienungsladen. Ein paar fromme Sprüche für rührselige Feiern, die Bergpredigt für den »Friedenskampf« und die Weihnachtsgeschichte zur Hebung der Sentimentalität. Man holt sich das, was einem passt. Die Wahrheitsfrage der Bibel provoziert jedoch die Entscheidung: entweder ganz oder gar nicht! Ich habe mich also der historischen Glaubwürdigkeit der *ganzen* Bibel zu stellen und nicht der von mir selektierten Restbestände. Wer sich selbst zum Maßstab der Wahrheit erhebt – und sei es mit pseudowissenschaftlicher Akribie theologischer Spitzfindigkeit –, der betrügt sich selbst.

Die Bultmannsche Arroganz, im Zeitalter des elektrischen Lichts nicht mehr an Wunder glauben zu können, kann bei Naturwissenschaftlern nur unverständliches Kopfschütteln auslösen. Und der modische Geschäftstrick, die Auferstehung Jesu in das Reich der Märchen und Mythen zu verbannen, ist für einen Historiker schlichtweg lächerlich. So ist denn auch die Verlegung der Wiederkunft Jesu auf den »Sankt-Nimmerleins-Tag« nichts anderes als intellektueller Schwachsinn. Die Wahrheit der Worte Jesu, die Realität der erfüllten biblischen Prophezeihungen und die historische Zuverlässigkeit von Kreuz und Auferstehung Jesu Christi lassen jeden Zweifel daran verstummen, dass Christus auch seine letzte Ankündigung wahrmacht: Ich komme wieder (Lk 21,27).*

Dr. Gerhard Bergmann schreibt: »Diesem Jesus, der der ewige Mund Gottes ist, sollte ich nicht vertrauen? Ich frage: wem denn, wenn nicht ihm? Wahrhaftig, ich vertraue ihm ganz und gar! Die Worte Jesu sind deshalb glaubwürdig, weil sich ihre Wahrheit gerade in unseren Tagen bestätigt. Erfüllte Prophezeiungen bestätigen die Glaubwürdigkeit.«

Zudem muss jeder, der sich ernsthaft denkend und kritisch fragend mit der Bibel auseinander setzt, feststellen: Die Wiederkunft Christi ist nicht nur glaubwürdig, sondern auch notwendig. Denn wenn Christus wirklich Gottes Sohn ist, dann muss das einmal für jedermann sichtbar werden. Wenn der Anspruch Jesu wirklich stimmt, dann ist der Erweis geradezu zwingend.

Seine Herrschaftsmacht ist ja jetzt eine verborgene. Zu Pilatus sagt er: »Ich bin ein König« (Joh 18,37). Aber

---

* Zum Thema »Glauben und Denken« ausführlicher: Peter Hahne, Kein Grund zur Resignation, Hänssler-Verlag

sichtbar waren nur Spott und Spucken, Hohn und Dornen. Zu seinen Jüngern sagt er: »Mir ist gegeben alle Gewalt im Himmel und auf Erden« (Mt 28,46). Aber sichtbar war seine Ohnmacht am Kreuz: »Mein Gott, mein Gott, warum hast du mich verlassen?« (Mt 27,18). Deshalb, nur deshalb kann man Jesus Christus auch ablehnen, links liegen lassen und verachten: weil seine wahre Herrschaft verborgen ist. Wenn jeder wüsste, wer Jesus Christus wirklich ist – keiner würde wohl wagen, ihn nicht als Herrn anzuerkennen. Deshalb müssen wir hier mit der Spannung fertig werden, erst im Glauben und noch nicht im Schauen zu leben (2. Kor 5,7). Deshalb steht und fällt alles mit unserer Haltung zur Heiligen Schrift. Nur wer Jesus vertraut und die historische Glaubwürdigkeit der Bibel denkerisch akzeptiert, kann dem unsichtbaren Herrn bei allen Spannungen und Zweifeln nachfolgen, bis dass er sichtbar wiederkommt. Weil es so ungeheuerlich anmaßend klingt, hat man gelacht, als Jesus sagte: »Ich und der Vater sind eins« (Joh 10,30) oder »Wer mich sieht, der sieht den Vater« (Joh 14,9). Wenn dieser Anspruch wirklich stimmt, dann muss das einmal für jeden offenbar werden. Der Tag der Wahrheit muss kommen. Wenn Jesus will. Und er will!

Wenn Jesus Christus wirklich wahrer Gott ist, dann muss er auch das letzte Wort behalten. Weder Resignation noch Tod, weder Buddha noch Marx, weder die Atombombe noch Satan, weder Sie noch ich haben das letzte Wort. Gott hat es. Und der, der als wahrer Gott und wahrer Mensch auf diese Erde kam: Jesus Christus. »Um der Gottheit Jesu willen wird eines Tages aus der verborgenen Herrschaft Jesu eine sichtbare Herrschaft. Jesus will: es soll ein für allemal deutlich werden, dass Gott alleiniger Gott ist« (G. Bergmann).

Um es klar zu sagen: die Wiederkunft Christi ist für mich deshalb das glaubwürdigste Datum der Zukunft, weil Jesus es selbst ankündigt. Aber der Logik dieser Prophezeiung auf die Spur zu kommen, bewahrt vor den oft vorgeschobenen »intellektuellen« Zweifeln. Dummheit müssen sich nämlich diejenigen bescheinigen lassen, die sich zum Richter über Wahrheitsfragen aufschwingen, ohne je biblische Zusammenhänge durchdacht zu haben. Im Übrigen halte ich mich an den Ratschlag des großen dänischen Philosophen Sören Kierkegaard: »Die Bibel ist nicht dazu da, dass wir sie kritisieren, sondern dazu, dass sie uns kritisiert.« Der wissenschaftlich überhöhte und intellektuell aufgeblähte »Zweifel« ist oft nichts anderes als eine feige Flucht vor der Wahrheit des Evangeliums. Man merkt genau, wie realistisch das Wort Gottes ist, will es aber aus Bequemlichkeit und Angst vor Umkehr nicht wahrhaben. »Nicht die unverständlichen Bibelstellen bereiten mir Magenschmerzen, sondern diejenigen, die ich verstehe« (Mark Twain).

Dem Zukünftigen gehören

Wir erwarten Christus als den Zukünftigen. Von ihm bekennen wir: »Er sitzt zur Rechten Gottes, des allmächtigen Vaters; von dort wird er kommen zu richten die Lebenden und die Toten.« Biblische Hoffnung weiß um die Wirklichkeit von Tod und Gericht. Christen leben nicht ziellos ins Blaue. Sie sind die bestinformierten Leute, die es gibt. Sie sind bibelinformiert und deshalb wahrheitsinformiert. Nicht umsonst spricht Paulus im Blick auf die Zukunft nicht von Fühlen, Glauben und

Spekulieren, sondern von *Wissen*: Wir wissen, dass wir jenseits der Todesgrenze vor das Gerichtsforum Gottes gezogen werden (2. Kor 5,1–10).

Die Bibel beschreibt den Tod als schrecklichste Folge der Sünde (1. Kor 15,56) und als den »letzten Feind« (1. Kor 15,26). Der ewige Tod wäre also die konsequente Fortsetzung der irdischen Sünde. Denn Sünde heißt Trennung von Gott. Wer sich von ihm abgesondert hat, der ist ein Sünder. Dieser selbst gewählte Lebensstil ist zukunftsentscheidend. Am Ende gibt es nur noch Freiwillige: die, die sich *für* und die, die sich *gegen* Gott entschieden haben. Unsere Zukunft hat also schon begonnen.

Je nachdem, ob wir Jesus Christus als Erlöser angenommen oder verworfen haben, werden wir bei seiner Wiederkunft beurteilt (Mt 24,40 f.). Insofern liegt unsere Zukunft in unserer Entscheidung. Mitbestimmung ist keine Erfindung des Deutschen Gewerkschaftsbundes. Mitbestimmung gibt es seit Erschaffung des Menschen. Schon immer ist der Mensch daran beteiligt gewesen, sich für oder gegen Gott – und damit für oder gegen das Leben – entscheiden zu können. Und diese Mitbestimmung braucht man sich nicht auf dem Demonstrationsweg zu erkämpfen, sie ist uns von Gott auf dem Gnadenweg geschenkt. Das Evangelium zur Rettung des Sünders ist kein Blankoscheck für Gottlose. Es ist verbunden mit dem Ruf zu Buße und Bekehrung. Wer Kirchenzugehörigkeit oder Weltengagement für Freikarten in den Himmel hält, wird einmal bitter enttäuscht werden.

Der biblische Jubelruf über die *gewisse* Zukunft schließt den Ernst der Entscheidung für den Zukünftigen mit ein: »Gelobt sei Gott, der Vater unseres Herrn Jesus Christus, der uns nach seiner großen Barmherzigkeit wiedergeboren hat zu einer lebendigen Hoffnung durch die Auferstehung Jesu Christi von den Toten« (1. Petr 1,3). Hier wird die Hoffnung als lebendig bezeichnet, weil unsere Zukunft eine Person ist: Jesus Christus. Hier wird die historische Tatsache der Auferstehung als Garant für unsere Zukunft genannt: der Auferstandene ist der Wiederkommende. Hier geht es um unsere Entscheidung für den Zukünftigen: Wiedergeburt.

Christliche Hoffnung ist also nicht *an*geboren, sondern zu ihr wird man *wieder*geboren (Joh 3,3). Man kann ja in einer Garage geboren werden und ist damit noch lange kein Auto. Ebenso kann man in einer christlich geprägten Umgebung erzogen werden und aufwachsen, ist damit jedoch nicht automatisch Christ. Christ*sein* ist die Folge des willentlichen Entschlusses, Christ zu *werden*. Wiedergeburt geschieht durch die persönliche Annahme der »großen Barmherzigkeit«: des Kreuzestodes Jesu zur Vergebung unserer Sünden. Ohne Wiedergeburt kein Leben. Ohne ewiges Leben keine Hoffnung. Ohne Hoffnung keine Zukunft.

Christus kommt als Richter. »Wir müssen alle offenbar werden vor dem Richterstuhl Christi, damit jeder seinen Lohn empfange für das, was er getan hat bei Lebzeiten, es sei gut oder böse« (2. Kor 5,10). Allein diese Gerichtsdimension ist schon eine Absage an jenes lächerliche Vorurteil, Christen kümmerten sich um nichts und lebten in den Tag hinein. Vielmehr ist die christliche Zukunftshoffnung engstens mit der weltlichen Gegenwartsverantwortung verbunden. Und dies umso ernster, als Christus bei seiner Wiederkunft sehr wohl nach unseren Taten fragen wird. Vor allem aber danach, ob wir ihn als Herrn über unser Leben anerkannt haben.

In der Rede Jesu über die endzeitlichen Ereignisse

wird deutlich (Mt 25,31–46), dass das letzte Gericht die letzte Entscheidung bringen wird, wo wir unsere Ewigkeit zubringen werden. Die Bibel weiß also um eine tiefere Existenzbetroffenheit als den natürlichen Tod: den ewigen, den geistlichen Tod. Und zu dem verdammen wir uns selbst, wenn wir bewusst an Gott vorbeileben. Vorbeileben an Gott bedeutet Tod, weil es außerhalb von Gott kein Leben gibt. Christus als letzter Richter ist folglich (logischerweise!) auch der einzige Erlöser. Denn nur der kann begnadigen, der auch die Gerichtsgewalt hat.

In Jesus Christus erwarten wir den Richter, Erlöser und Sieger. Wer dem Zukünftigen gehört, der hat sein Leben auf Sieg programmiert. Gerade in Zeiten, wo man als Christ belächelt, verspottet oder gar verfolgt wird, sollte man von den Zinsen dieses Erbes leben: Wir sind wiedergeboren zum Sieg. Die Herren dieser Welt gehen, unser Herr aber kommt – und mit ihm der Sieg über die Mächte des Bösen. Er kommt wieder als König aller Könige und Herr aller Herren (Offb 19,16). Das weltliche Verlachen kann das himmlische Strahlen nicht zerstören. Bekanntlich lacht der am besten, der zuletzt lacht. Und von dieser ewigen Freude kann man bereits hier Kraft gewinnen.

Die Sieger von heute sind die Verlierer von morgen. Die scheinbaren Verlierer aber sind zuletzt die Sieger. Denn Jesus kehrt alles um: »Wer sein Leben findet, der wird's verlieren; und wer sein Leben verliert um meinetwillen, der wird's finden« (Mt 10,39). Gewinn durch Verlust. Sieg durch Niederlage. Wo dieses »um meinetwillen« nicht bestimmend ist, herrschen »No future« oder selbstgebastelte Zukunftserwartungen. Christen jedoch handeln nicht nach den Maßstäben dieser Welt

(Röm 12,2), um das Leben zu gewinnen. Sie sind der Welt entrissen (Gal 1,4) und damit auch deren Erwartungen und Hoffnungen. Sie leben bereits hier aus der Energie der Ewigkeit. Und dort gilt eben das als Verlust, was hier Gewinn war; und umgekehrt.

Alles ist Verlust, was nicht dazu dient, Christus zu gewinnen (Phil 3,8). Christus gewinnen aber heißt: seinem Tod gleichgestaltet werden. Denn nur in der »Gemeinschaft seiner Leiden« wird auch die »Kraft seiner Auferstehung« offenbar (Phil 3,10). Genau das umgeht die säkulare, dieser alten Welt verhaftete Zukunftserwartung. Und insofern ist das Kreuz Christi wirklich Scheidelinie und Stolperstein (1. Kor 1,18).

Wer sein Leben gewinnen will, zieht Jesus vor, der mehr wert ist als Vater und Mutter, Sohn und Tochter, ja auch als sein eigenes Leben (Mt 10,37; Lk 14,26). »Wer aber Jesus vorzieht, wählt das Kreuz als den Ort, wo nicht eventuell, sondern todsicher gestorben wird« (H. U. v. Balthasar). Zukunft hat nur der, der dem Zukünftigen gehört. Der Zukünftige aber ist der Gekreuzigte, der uns in seinen Tod mit hineinnimmt, damit wir mit ihm auferweckt werden.

Fragen wir nach der Zukunft, so fragen wir nach dem Ende dieser Welt und dem Ziel unseres Lebens. Das Ziel jedes Menschen ist der Tod. Also brauchen wir eine Antwort auf die Todesfrage. Nur so ist zielgerechtes und zielorientiertes Leben möglich. Ist der Tod ein dunkles Nichts, dann kann ich mein Leben vertun. Wenn der letzte Sinn fehlt, dann ist das Leben nichts anderes als eine Orgie der Verzweiflung.

Dasselbe gilt für das Ziel der Welt. Arbeit an der Welt lohnt doch nur, wenn ich um den letzten Sinn weiß, der auch über Misserfolgen nicht resignieren lässt. Sonst wechseln Vollendungseifer und Zerstörungswut einander ab. Der Zustand unserer Zeit, wie wir ihn im ersten Teil dieses Buches beschrieben haben, ist doch nur der Beweis für die Erlösungsbedürftigkeit von Mensch und Welt.

Wichtig zu wissen: Mit dem Tod ist nicht alles aus! Unser Leben läuft dem letzten Gericht entgegen. Das legt auf uns eine doppelte Verantwortung: uns auf die Seite Jesu zu stellen und zugleich in und an dieser Welt zu handeln. Denn durch unser Tun oder Versäumen werden bereits in diesem Leben die Weichen für die Zukunft gestellt.

Deshalb haben Christen in dieser Welt viel mehr zu sagen als nur die Forderung nach Überleben. Als ginge es darum, eine durch Sünde verseuchte Welt per Umweltschutz und Abrüstung heilen zu können! Mit unerlösten Menschen kann man keine erlösten Verhältnisse schaffen. »Auf die Füße kommt unsere Welt erst wieder, wenn sie sich beibringen lässt, dass ihr Heil nicht in neuen Maßnahmen, sondern in neuen Gesinnungen besteht« (Albert Schweitzer). Christen sprechen nicht vom Überleben, sondern vom ewigen Leben. Wer dieses Leben hat, der überlebt. Ihm gehört die Zukunft, weil er dem Zukünftigen gehört.

Zukunft als Geschichte

Für die Silvesterausgabe einer großen Zeitung wurde ein bekannter Pädagogikprofessor gebeten, einen Grundsatzartikel zum Thema »Wo stehen wir?« zu schreiben. In seiner nüchternen Analyse finden sich die Punkte wieder, die wir auf den ersten Seiten dieses Buches als Kennzeichen der »No future«-Generation beschrieben haben. Seine »Stich-Worte«, wie er sie nennt, lauten: Angst, Aussteigen, Sinnverlust und Zerfall der Werte. Auf die Frage nun, welche Auswege es aus der Krise gibt, antwortet der Pädagoge mit vier Verneinungen: nicht aussteigen; sich keine Religion machen; sich die Zeit nicht von Freizeitkünstlern und Medien stehlen lassen; nicht Sinn herbeireden wollen. Es scheint, als läge die Bibel gar nicht so falsch ...

Richtig ist nämlich die Erkenntnis, dass Aussteigen zu nichts führt. Höchstens zum Einsteigen in den mörderischen Teufelskreis der Verzweiflung. Sich die quälenden Fragen per Rausch oder Freizeitstress totschlagen zu wollen, endet mit der nüchternen Erkenntnis: Flucht in die Sucht ist keine tragfähige Lebensbasis. Bezeichnend aber ist, dass der Wissenschaftler logisch und präzise analysiert: Weder selbstgemachte Religion noch selbstgesetzter Sinn sind Antworten auf das »No future«-Gefühl.

Echter Sinn kann nur außerhalb unserer Machbarkeit liegen, weil er mit der Wahrheitsfrage zu tun hat. Menschengemachte Religionen bleiben Utopie und Illusion, wenn es um den harten Kampf der Wirklichkeit geht. Wahrer Lebenssinn muss erfahrbar sein! Wahre »Religion« muss tragfähig sein! Kurzgefasst: Was mein Leben ausmachen soll, muss wahr sein! Und Wahrheit kann ich nicht selbst produzieren. Zukunft darf kein illusorischer Traum sein, sondern erlebbare Realität.

Biblische Hoffnung weiß um das Geheimnis der Geschichte. Das, was Gottes Wort über die kommenden Zeiten ankündigt, sind keine mittelalterlichen Gruselgeschichten oder Heile-Welt-Romane im Science-fiction-Stil. Wir haben es in der biblischen Offenbarung nicht mit Geschicht*en*, sondern mit Geschicht*e* zu tun. Hier geht es nicht um Märchen, sondern um nüchterne Realitäten.

Das Geschehen in dieser Welt ist nach biblischer Auffassung kein Kreislauf, in dem alles ständig wiederkehrt. Die Geschichte ist vielmehr eine Bewegung, die ihren Anfangs- und Endpunkt hat. Der *Anfang* ist von Gott gesetzt. Am Beginn allen Seins stand das Wort Gottes. Er sprach – und es ward (1. Mose 1). In der *Mitte* steht das Kreuz Jesu Christi. Das Kommen Christi in diese Welt ist verbunden mit dem Anbruch einer neuen Zeit (vgl. Jes 35,5f.; 61,1f.; Mt 11,4f.) und dem Versprechen des Auferstandenen: Ich komme wieder. Die Erfüllung dieser Zusage steht als Gottes souveränes Handeln am *Ende* der Geschichte.

Christus kommt, um alles neu zu machen (Offb 21,5). Mit ihm kommt ein neuer Himmel und eine neue Erde (2. Petr 3,13). »Wir haben Zukunft« heißt also: Wir nehmen teil an dieser Geschichte Gottes mit dieser Welt. Wir *machen* keine Religion; wir *reden* auch keinen Sinn herbei. Wir *haben* das Vertrauen und die Gewissheit: Wie Gott Anfang und Mitte der Geschichte gesetzt hat, so wird er auch das Ende bestimmen und gestalten. Unsere Zukunft ist Geschichte. Das historisch gesichertste Datum der Zukunft ist die Wiederkunft Jesu Christi.

Der ganze Kosmos und der gesamte Geschichtsablauf sind umrahmt von der Allmacht Gottes: »Ich bin das A und das O, der Anfang und das Ende, spricht Gott der Herr, der da ist und der da war und der da kommt, der Allmächtige« (Offb 1,8). Damit sieht der Christ sein Leben und diese Welt eingeordnet in das Geschichtshandeln Gottes. Er deutet das Geschehen von Gott her und kann es auch nur so begreifen. Nochmals: Ist Christus wirklich die Wahrheit, gibt es nur auf diesem Weg Zukunft und Hoffnung! Jede andere Weltdeutung ist dann Lüge und Betrug. »Jesus Christus ist das Ziel von allem und der Mittelpunkt, dem alles zustrebt. Wer ihn kennt, kennt den Grund der Dinge« (Blaise Pascal).

Mitten im Verlauf der Weltgeschichte betreibt Gott Heilsgeschichte. Verborgen für den, der über Gott lacht. Offenbar aber dem, der die Bibel befragt und befolgt. Genau hier liegt die Begründung für die frei machende Erkenntnis »Wir haben Zukunft«: Der Christ lebt nicht ins Blaue hinein und macht sich keine Hoffnungsillusionen. Er weiß, was kommt. Er erkennt am Ablauf der Geschichte, dass Gottes Prophezeiungen keine leeren Worte sind. Und er zieht daraus die Konsequenz: Wenn Gott seine bisherigen Voraussagen eingelöst hat, warum sollte man dann an dem letzten großen Geschichtsdatum zweifeln?

Die Gewissheit, dass sich Gottes Wort in der Tat erfüllt, lässt einen Christen gelassen sagen: »Meine Zeit steht in deinen Händen« (Ps 31,16). Denn er weiß: Ich kann mich für die Zukunft genauso auf diesen Herrn verlassen wie für meine jetzige Lebenszeit. »Die Welt ist nur erträglich, weil der noch einmal wiederkommt, der sie überwand« (Jochen Klepper).

Was sagt uns die Bibel nun für das Ende der Zeiten voraus? Auf jeden Fall kein machbares Friedensreich nach dem Motto »Frieden ist möglich« (Franz Alt). Mögen noch so viele ideologische Programme das Gegenteil behaupten: Wir gehen keiner gerechten Weltordnung entgegen, die sich aus der Veränderung alter Verhältnisse entwickeln wird. Unsere Zukunft ist zunächst eine inhumane und höchst unfriedliche Welt. Die mit dem Kommen Christi verbundenen »Zeichen der Zeit« (Mt

24) sind alles andere als die großmäuligen Visionen der Pazifisten. Wer mag schon noch glauben, dass zum Beispiel die UNO eine neue Weltordnung durchsetzen kann? Beim Gipfel des Weltsicherheitsrates Ende Januar 1992 hieß es im Schlussdokument noch vollmundig, dass »die Welt nunmehr die beste Chance habe, internationalen Frieden und Sicherheit zu verwirklichen«. Was folgte, war nicht nur das barbarische Gemetzel im Bürgerkrieg auf dem Balkan ...

Der alttestamentliche Prophet Daniel (Kap. 7) und die Offenbarung des Johannes am Schluss der Bibel (Kap. 13) kündigen eine von Bestialität und Kälte gezeichnete Welt an. Weder Lichterketten noch Abrüstungsverhandlungen oder der Fall des Eisernen Vorhangs, weder UNO noch Ökumene können darüber hinwegtäuschen, dass die biblischen Zeitprognosen zutreffend sind. Christus kommt durch die Katastrophe hindurch. Nicht durch eine vorher von den Menschen befriedete Welt. Deshalb ist das letzte Ziel des Pazifismus antichristlich, weil es die Vorwegnahme des Reiches Gottes propagiert. Was bräuchte Jesus noch wiederzukommen, um Frieden zu schaffen, wenn wir es »ohne Waffen« selbst könnten?

Wer seine Hoffnung auf menschliche Einsichten und auf eine »entrüstete« Welt setzt, der hat seine Zukunft auf Sand gebaut. Der ist schlecht informiert, weil er die Bibel nicht auf seiner Seite hat. Könnte der Mensch selbst die neue Welt machen, hätte Christus auch das Kreuz erspart bleiben können. Dann hätte man vor 2000 Jahren in Jerusalem eine »Anti-Sünden-Bewegung« ins Leben gerufen. Motto: Die Vernunft schafft den neuen Menschen. Denn jedem Einsichtigen ist doch klar, dass Sünde zerstörerisch ist. Also hätte man nur die Ärmel hochkrempeln müssen: Frieden ist möglich!

Weil es jedoch menschen-unmöglich ist, sandte Gott seinen Sohn zur Rettung der Menschen. Genauso menschen-unmöglich ist die Veränderung der unerlösten Welt zum irdischen Paradies. Deshalb wird Gott in seiner unendlichen Barmherzigkeit seinen Sohn nochmals schicken. Er schafft, was Menschen nicht können: die neue Welt. Und an dieser Neuschöpfung ist der Mensch genauso wenig beteiligt wie an der Überwindung von Sünde und Tod durch das Kreuz Christi. Das schafft Christus allein. Allein aus Gnade. Aus Liebe zum Menschen und Gehorsam gegen Gott.

Die Weltgeschichte entwickelt sich zwar in einer Abwärtsbewegung kontinuierlich weiter, aber das Ende ist ein punktuelles Ereignis. Wie die Wiedergeburt letztlich kein Wachstums-, sondern ein Entscheidungsprozess ist, so ist auch die Neugeburt dieser alten Erde ein Schöpfungsakt Gottes. Die von Jesus verkündete Zukunft, so der Theologe Leonhard Goppelt, »wächst nicht in Kontinuität einer Entwicklung mit fließenden Übergängen aus der Geschichte heraus, sondern begegnet ihr als ein Gegenüber«.

Die Zeichen der Zeit – Hungersnöte, Naturkatastrophen, Gewalt, Lüge, Kriege, Verführung (Mt 24) – sind uns als Merkmale gegeben: Seid wachsam (Mt 24,42–44)! Nicht zur Spekulation. Kein Mensch hat Einblick in den Terminkalender Gottes. Selbst Christus ist das Datum seiner Wiederkunft verborgen (Mt 24,36). Die prophezeiten Zeichen, die das Kommen Jesu vorbereiten, sollen den Christen wachhalten. Und trösten. Denn der Umkehrschluss gilt ja auch: Mitten in der Wirklichkeit dieser Welt erkennt der Christ die Wahrheit des Wortes Gottes. Er braucht nicht zu resignieren, wenn die Zeiten immer schlechter werden. Er weiß: Es muss ja so kommen! Das ist kein Aufruf zu fatalistischer Lethargie, sondern zu nüchternem Realismus. Denn wo der Nichtchrist nur die erschreckende Gegenwart sieht, weiß der Christ doch schon um die gewisse Zukunft. Er weiß um das Gesamtziel jenseits der Teiletappen: Jesus kommt wieder und mit ihm die neue Welt.

Bevor Christus diese neue Welt schafft, wird die Mission weltweit und sein Volk Israel im alten Stammland gesammelt sein. Zugleich wird man sich aber global von den Ordnungen Gottes abwenden. Auch Christen werden sich bezaubern lassen durch die Verlockungen des Antichristen, der sein Reich als Welteinheitsstaat anbietet und baut. Er wird das zu befriedigen suchen, wonach die Menschen sich sehnen: Einheit der Religionen, Ernährung der Welt, Ermöglichung von Glück und Frieden (Dan 7–9; Offb 12–13; 2. Thess 2; Mt 24,38). Genau das, was heute oft als christlich propagiert wird, entpuppt sich auf diesem Hintergrund als das totale Gegenteil.

Über die, die sich der menschengemachten Glückseuphorie widersetzen, kommt eine große Trübsal. Wer als Störenfried die Offenbarung Gottes höher setzt als das scheinbar logische »Göttliche«, wird geistig, geistlich und auch körperlich leiden müssen (Offb 1,314 ff.; Mt 24,13). Im Tausendjährigen Friedensreich (Offb 20,1–6) wird es noch einmal eine umfassende Missionszeit geben. Auch Israel wird dann Christus als Messias erkennen. Christus wird die Zügel der Weltregierung in seine Hände nehmen und dem Satan die Hände binden.

Am Ende des Friedensreiches wird der Teufel nochmals losgelassen, um die Menschen zu verführen. Dann müssen Christen ihren Glauben erneut bewähren. Darauf folgt das Weltgericht (Offb 20,11 ff.), von dem wir ja schon sprachen. Alles wird an den Tag kommen. Alle

Masken und Fassaden werden fallen. Dann gilt nur eins: Wer Jesus hat, der hat das Leben und kommt nicht in das Gericht (Joh 5,24). Er wird nicht verurteilt, weil er im Buch des Lebens verzeichnet ist (Offb 20,15). »Dann darf der Glaube schauen, was er geglaubt hat; dann muss der Unglaube schauen, was er nicht geglaubt hat« (S. Rothenberg).

Dem Weltgericht folgt die Weltvollendung (Offb 21). Damit wird Christus das gewaltige Geschichtsereignis seiner Wiederkunft krönen. Er schafft einen neuen Himmel und eine neue Erde. Eine Welt ohne Tränen und Tod, ohne Leid und Schmerz. Eine Welt in unmittelbarer und unaufhörlicher Gemeinschaft der Menschen mit Gott. Sünde, Tod und Teufel sind Vergangenheit. Hier herrschen Friede und Gerechtigkeit.

Mit der Weltvollendung geht die Sehnsucht der Menschheit nach Welterneuerung endlich in Erfüllung. Es ist Gott selbst, der den Termin setzt. Es ist Christus selbst, der die Vollendung bewirkt. Es sind wir Menschen, die die Wahrheit der biblischen Prophetie staunend erleben werden. Dann wird es sein, »dass in dem Namen Jesu sich beugen sollen aller derer Knie, die im Himmel und auf Erden und unter der Erde sind, und alle Zungen bekennen sollen, dass Jesus Christus der Herr sei, zur Ehre Gottes, des Vaters« (Phil 2,10–11).

Das ist die Zukunft, der wir entgegengehen. *Das* ist die Hoffnung, von der wir leben. Denn die Gewissheit, einmal Bürger dieser neuen Welt sein zu dürfen, setzt schon hier Energien frei. Ewiges Leben gibt Kraft zum Überleben. Denn das ist allemal logisch: Wer vor dem richtenden Gott Angst haben muss oder gar die biblische Prophetie in den Wind schlägt und damit die Zeichen der Zeit nicht versteht, der wird resigniert sagen: No future!

Wer aber um die Wahrheit des Wortes Gottes weiß und Christus vertraut, der kann mitten »in der Wirrnis dieser Zeit« bekennen: Wir haben Zukunft! Er kann sich gelassen dem Gespött der Gottlosen stellen, weil er weiß: »Ihr werdet am Ende doch sehen, was für ein Unterschied ist zwischen dem Gerechten und dem Gottlosen, zwischen dem, der Gott dient, und dem, der ihm nicht dient« (Mal 3,18).

Der Triumph der Welt ist nur Schein. Echt ist der letzte Sieg. Und der gehört Christus und den Christen. Der russische Religionsphilosoph Nikolai Berdjajew antwortete einem Kommunisten auf die Frage, wer denn nun siegen werde, Christus oder Marx: »Ihr werdet siegen; aber nach all euren Siegen wird Christus siegen.«

Gelebte Hoffnung

Diese Hoffnung produziert keine »Schlaffies«, diese Hoffnung motiviert. Diese Zukunft lässt nicht ängstlich resignieren, sie lässt gelassen nach vorn blicken. Christen haben deshalb keinen Grund, der Angst Raum zu geben. Sie sind keine Panikmacher, sondern Mutmacher. Ihr Glaube im Vertrauen auf die Zusagen Gottes ist größer als alle Ängste im Blick auf die Wirklichkeitserfahrungen dieser Welt. Sie nehmen Gottes Wort für bare Münze und leben von den Zinsen: »Fürchte dich nicht, ich bin mit dir; weiche nicht, denn ich bin dein Gott. Ich stärke dich, ich helfe dir auch, ich halte dich durch die rechte Hand meiner Gerechtigkeit« (Jes 41,10).

Christen wissen: Das letzte Wort über diese Welt haben nicht Menschen oder Mächte. Jesus, der wiederkommende Herr, wird es sprechen. Und auf sein Kommen dürfen wir getrost, gelassen und zuversichtlich warten. Wer weiß, wem die letzte Stunde gehört, der braucht den nächsten Augenblick nicht zu fürchten. »Die Welt phantasiert von Fortschritt, Kraft, Zukunft; die Jünger wissen um das Ende, das Gericht und die Ankunft des Triumphreiches« (Dietrich Bonhoeffer).

Das ist ja das geheime Ahnen jedes Menschen, sich am Ende seiner Tage doch einmal verantworten zu müssen. Das ist die Angst, die die Kräfte schon hier auf Erden lähmt. Es sind doch die größten Atheisten, die in den Rausch fliehen, weil sie Angst vor dem Sterben haben. Angst vor der Zukunft, dem Danach. Deshalb ist es entscheidend, mit dem Zukünftigen schon in der Gegenwart Frieden zu schließen. Der Ort dazu ist das Kreuz von Golgatha. Hier reicht uns der die Friedenshand, der einmal wiederkommen wird, um Lebende und Tote zu richten. Der Friedensschluss mit Christus ist der einzige Ausweg aus dem »No future«. Wer Frieden mit Gott hat, der hat Zukunft.

Wir haben Zukunft! Weil wir nicht auf eine Sache oder ein machbares Ereignis warten, sondern auf eine Person: Jesus Christus. Unsere Zukunft heißt nicht »Futur«, sondern »Advent«; nicht irgendetwas, das kommt, sondern die Ankunft einer Person. Sie ist kein selbstgesetzter Sinn, kein »Prinzip Hoffnung« und auch nicht das große Ziel der Weltversöhnung. Die Bibel spricht von der Ankunft des Herrn. Er kommt wieder mit der Macht, alles, wirklich alles, zu erneuern.

Wir haben Zukunft! Weil wir wissen, dass der Endpunkt dieser Welt nicht von Menschen herbeigeführt wird. Er wird von Gott gesetzt. Das unterscheidet den christlichen Glauben von jeglicher Ideologie. Deren Ziele müssen von Menschen erkämpft und erarbeitet werden. Unser Ziel aber ist bereits gesetzt. Ideologen gehen *zum* Ziel, Christus aber kommt bereits *vom* Ziel. Diese Gewissheit macht frei für die Gegenwart. Sie überwindet die lähmende »No-future«-Angst. Sie macht Mut zur Weltverantwortung.

Es ist ein unausrottbares Vorurteil, Christen würden aufs Jenseits vertröstet. Gerade Marxisten brüsten sich damit. Karl Marx nannte den Glauben »Opium des Volkes« und die Religion Verführung zu Passivität und Inaktivität. Christen würden zur Weltflucht verurteilt, wenn Gott ja alles selbst mache. Welch ein Irrtum! Ist nicht gerade der Marxismus die größte jenseitsvertröstende Religion? Er ist es doch, der das Paradies auf Erden für irgendeine spätere Generation verheißt, während die Heutigen in Unfreiheit gehalten werden.

Es ist die aufgeblasene Arroganz pseudointelligenter Religionskritik, dass ausgerechnet Marxisten den Christen Jenseitsvertröstung vorwerfen. Das ist blasierte Ignoranz. Noch nie hat die Bibel jemanden auf das Jenseits vertröstet. Im Gegenteil! Wer Jesus hat, der *hat* das Leben (Joh 3,36). Was der Marxist sich für spätere Zeiten erst erhofft, ist für den Christen bereits Gegenwart. Was ist die stufenweise Evolution zum Totalkommunismus denn anderes als pure Jenseitsvertröstung?! Was nützt mir der Blick auf kommende Zeiten, wenn ich im Heute kaputtgehe?

Christen werden nicht *aufs* Jenseits *ver*tröstet, sondern *aus* dem Jenseits *ge*tröstet. Und dieser Trost heißt: Gegenwart Gottes im Leid. Statt Vertröstung redet Gott von Trost. Während Ideologen und Religionsstifter ihre Anhänger zu immer neuen Leistungen zur Schaffung der neuen Welt antreiben, kommt Gott selbst in diese Welt und hilft tragen. »In der Welt habt ihr Angst; aber seid getrost, ich habe die Welt überwunden« (Joh 16, 33). Das sagt der Gekreuzigte und Auferstandene, der uns bei der Hand nimmt und zur Zukunft führt, während er uns in der Gegenwart nicht allein lässt. »Siehe, ich bin bei euch alle Tage bis an der Welt Ende« (Mt 28,20). Diesen Gott brauchen wir für unser gegenwärtiges Leben, damit unser Leben Zukunft hat.

Statt Vertröstung schenkt Gott Trost. Das ist keine fromme Fantasie, kein Trip und keine Fata Morgana. Das ist erfahrbare Realität. Wer den Zukünftigen in seine Gegenwart holt, der begreift Blumhardts hintergründiges Wort: »Wer Jesus sagt, sagt neu.« Als die Jünger Jesus sahen, da sahen sie bereits die neue Erde und den neuen Menschen. Denn wo immer Jesus seinen Fuß hinsetzte, sah man eine Spur neuer Wirklichkeit. Blinde sahen, Lahme gingen, Tote standen auf. Die neue Erde begann sich abzuzeichnen. Wo Jesus gegenwärtig ist, da sind Trost, Hoffnung und Zukunft. Er hilft tragen und ertragen. Auch und gerade da, wo wir die Gegenwart nicht verstehen. »Nur Gottes Ziele sind Herrlichkeit. Von seinen Wegen hat er es nicht verheißen«, sagte Johann Heinrich Volkening, der Erweckungsprediger meiner Minden-Ravensbergischen Heimat.

Unsere Hoffnung ist keine Droge, die high macht, lebensuntüchtig und weltflüchtig. Unsere Hoffnung motiviert. Sie setzt in Bewegung. Sie ist Motor und Impuls, mit dem langen Atem der Zuversicht auch dort an der Arbeit zu bleiben, wo alles sinnlos erscheint. Die Alltagspleiten werden nur dann erträglich, wenn das letzte Ziel größer ist. Wenn es sich lohnt. Und dies bedarf einer gewissen Zukunft und keiner erhofften oder gar selbstgemachten. Gewisse Zukunft gibt Heimat. Und diese Heimat lässt aufatmen und leben. »Heimat in sich haben! Wie wäre das Leben anders. Es hätte eine Mitte, und von der Mitte aus schwängen alle Kräfte. So aber hat mein Leben keine Mitte, sondern schwebt zuckend zwischen vielen Reihen von Polen und Gegenpolen« (Hermann Hesse).

Weil unsere Zukunft gewiss ist, gewiss als Datum und als Ereignis, fliehen wir nicht aus dieser Welt. Wir sind erst recht frei zur tätigen Mitarbeit an den Aufgaben, die Gott uns stellt. Weil wir unser Leben nicht mehr so lassen wollen, wie es ist, deshalb wollen wir auch die Welt nicht mehr so lassen. Christen haben nicht den Auftrag, diese Welt zu verändern. Aber indem sie ihren Auftrag erfüllen, verändern sie diese Welt.

Wir kämpfen nicht mehr verbissen um die eigene Zukunft, weil sie auf Golgatha bereits erkämpft wurde. Der Gottlose muss alles selbst machen, weil er nichts zu hoffen hat. Das führt zu utopischer Schwärmerei oder radikalem Terror. Es ist die Verbissenheit der Hoffnungslosen, die unsere Zeit zum Schlachtfeld der Weltverbesserer macht.

Christen aber kümmern sich um die Gegenwart, weil ihre Zukunft bereits fertig ist. Sie flüchten nicht ins Jenseits und legen nicht die Hände in den Schoß, wenn sie beten: Dein Reich komme. Im Gegenteil! Friedrich von Bodelschwingh war davon überzeugt, dass Jesus zu seinen Lebzeiten wiederkäme. Das hinderte ihn jedoch nicht daran, mit den Betheler Anstalten eine der gigantischsten Sozialbewegungen in Gang zu setzen. Wo Utopisten träumen und Resignierte fliehen, da arbeitet der Christ, weil er weiß: Keine Arbeit ist vergeblich in dem Herrn (1. Kor 15,58).

Bodelschwinghs Grundsatz war: »Jede echte Hoffnung gestaltet die Gegenwart.« Deshalb wird die »No-future«-Generation nur das gestalten können, was sie hofft: nichts. Deshalb ist auch von all den Bewegungen, die aus Angst geboren sind, nichts Gutes zu erwarten. Die Revolutionäre der Zukunft haben noch immer die Gegenwart zerschlagen. Christen aber »pflanzen ihr Apfelbäumchen« in Verantwortung vor dem wiederkommenden Herrn. Und dieser Herr nimmt die lähmende Sorge und verwandelt sie in Kraft: »Alle eure Sorge werft auf ihn; denn er sorgt für euch« (1. Petr 5,7). Damit ist keine leichtfertige Sorglosigkeit gemeint, sondern weltzugewandte, getroste Gelassenheit.

Wir wissen, wie wir dran sind. Diese Welt trägt das Zeichen des Provisoriums, des Vorletzten. »Als Symbol dieser gefallenen Welt gilt nicht der Palmzweig, sondern das Schwert« (Künneth). Wir wissen, wohin wir gehen. Durch Zerbruch, Leid und Not gehen wir durch diese Welt dem wiederkommenden Herrn entgegen. Er wird am Ziel alles neu machen. Wir wissen, was jetzt zu tun ist. Christen sind nicht auf Urlaubsreise in dieser Welt, sondern auf Dienstreise. Dienst für Gott und den Menschen. So kann aus dem lähmenden »No-future« ein dynamisches »Go-future« werden. Wer befreit ist von der Angst vor dem Kommenden und von dem Zwang, alles selbst schaffen zu müssen, der kann gelassen in die Zukunft gehen.

Wer – mangels Bibelinformation – nicht weiß, wie er dran ist, verfällt in Resignation. No future! Wer nicht weiß, wohin wir gehen, gerät in hoffnungslose Spekulation. Wer nur das Jetzt vor Augen hat, wird zur Revolution greifen, die Machbarkeit der Zukunft propagieren und für sein Ziel verbissen kämpfen. Für Leute, die Zukunft *haben*, gilt weder Resignation noch Spekulation oder Revolution. Sie ballen ihre Hände nicht zur Faust, sondern öffnen sie für den Nächsten und falten sie für Gott. Sie gestalten die Gegenwart mit Hoffnung, weil ihnen die Zukunft gewiss ist. Mitten im Zerbruch freuen sie sich über ihre kleine Kraft, weil der lebendige Gott in ihnen mächtig ist. Mitten im Leid können ihre Augen leuchten, weil sie schon hier von den Zinsen der Zielfreude leben. Christen sind und bleiben gewiss: Wir haben Zukunft! Und was wir haben, das brauchen wir nicht mehr selbst zu machen. Das kann uns auch niemand mehr nehmen. Das Gewisseste, was wir über unsere Zukunft wissen, ist der kommende Tod. Der letzten Stunde kann keiner ausweichen. Keiner! Der Tod ist das dunkle Rätsel an der Grenze unseres Lebens. Und jeder Tag bringt uns ein Stückchen näher dorthin. Grausam und gnadenlos kann er uns überfallen. Machtlos stehen wir seinem Diktat gegenüber.

Der Tod als Trauerrand des Lebens? Sind Tod, Grab und Verwesung das Letzte? Gott ist ein Freund des Lebens. Sein letztes Wort ist kein Nein. Das große Ja zum Leben hat ein Datum: Ostern. Wir nehmen den Tod nicht mehr für voll, seit das Grab leer ist. Die leibliche Auferstehung Jesu Christi gibt unserem Leben eine neue Chance, eine neue Dimension. Ostern ist der Wendepunkt der Weltgeschichte. Gott denkt nicht daran, vor dem Tod zu kapitulieren. Das Gesetz von der Unbesiegbarkeit des Todes ist gebrochen, seit Jesus lebt.

Christus ist das Leben. Wer einen Pakt mit dem Leben schließt, der braucht den Tod nicht zu fürchten. Der Tod ist kein Schlusspunkt, sondern ein Doppelpunkt: Fortsetzung folgt. Auf uns wartet nicht der Tod, sondern das Leben. Als Dietrich Bonhoeffer im Morgengrauen des 9. April 1945 im KZ Flossenbürg zum Galgen geführt wird, sagt er seinen Mitgefangenen:

»Das ist das Ende – für mich ist es der Neubeginn des Lebens.«

Wer angesichts des Todes vom Leben sprechen kann, der ist auch sonst schwer zu erschrecken. Wer weiß, wem die letzte Stunde gehört, der braucht den nächsten Augenblick nicht zu fürchten. Das motiviert und gibt Impulse, in dieser todverfallenen Welt Zeichen des Lebens zu setzen. »Wenn wir das glauben können, dass am Ende der Sieg steht, können wir getrost leben« (Helmut Thielicke).

Wer dieses Ziel nicht hat, lebt ohne Hoffnung. Er macht sich kaputt, weil ihm der Sauerstoff zum Leben fehlt. Ernest Hemingway gesteht: »Mein Leben ist ein dunkler Weg, der nach nirgendwo führt ..., dunkel ohne Ende nach irgendwo.« Ganz anders der Mathematiker und Philosoph Blaise Pascal:

> »Es ist herrlich,
> im wilden Sturm
> auf einem Schiff zu sein,
> von dem man weiß,
> dass es im Hafen ankommt.«

Unser Leben ist kein Krimi mit ungewissem Ausgang. Die einzelnen Etappen mögen Überraschungen und Gefahren in sich bergen. Der Ausgang jedoch ist gewiss. Wir haben Zukunft: Wer Jesus hat, der hat das Leben. »Es ist das Ende gut« (G. Tersteegen).

Der Anker der Hoffnung

Es ist schon ein paar Jahre her. Da trifft den Jugendkreis fast der Schlag. Einer ihrer fröhlichsten und lebenslustigsten Freunde liegt todkrank im Bett. Die Diagnose der Ärzte ist hoffnungslos: Leukämie. Die Eltern haben ihren Jungen nach Hause geholt, damit er dort sterben kann.

Unglaublich! Eben konnte er noch Bäume ausreißen. Jetzt liegt er bleich im Kissen. 18 Jahre alt. Das Abitur ist zum Greifen nahe. Medizin will er studieren, um dann als Missionsarzt in die Dritte Welt zu gehen. So weiß er sich von Gott geführt. Alles ist schon geplant. Und jetzt das! Wie konnte Gott das nur zulassen; das ist die Frage, die alle bewegt.

Dieser Junge, 18 Jahre alt, wird zum Zeugnis für seine Eltern, seine Mitschüler und Freunde, ja für die ganze »No future«-Generation. Er strahlt das aus, von dem wir auf den letzten Seiten theoretisch gesprochen haben. An seinem Gesicht kann man ablesen, was das heißt: wir haben Zukunft! Auch wenn der Arzt ihm nur offen sagen kann, dass seine Tage gezählt sind. Er weiß: Jesus Christus lässt ihn in Ewigkeit nicht fallen. Auf seine Liebe kann man zählen. Bei ihm kann man vor Anker gehen, wenn alles Menschen-Machbare keinen Bestand mehr hat. So wünscht er sich den Choral, der seit der Konfirmation zu seinen Lieblingsliedern gehört:

»Ich habe nun den Grund gefunden,
der meinen Anker ewig hält;
wo anders als in Jesu Wunden?
Da lag er vor der Zeit der Welt,

der Grund, der unbeweglich steht,
wenn Erd und Himmel untergeht.«

Es ist unvorstellbar. Da geht ein 18-jähriger bei vollem Bewusstsein in den Tod und hält sich an Gott, der ihn auch im tiefsten Leid nicht allein lässt: »Darein will ich mich gläubig senken, dem will ich mich getrost vertraun ...« Da stirbt einer, der das Leben noch längst nicht satt hat. Der noch so gern gelebt hätte. Und dennoch stirbt er lebenssatt, wie nur einer sterben kann, der sich des ewigen Lebens gewiss ist. Oft liest er den letzten Brief des Widerstandskämpfers Helmut James Graf von Moltke, den er kurz vor seiner Hinrichtung am 23. Januar 1945 in Plötzensee an seine junge Frau geschrieben hat: »Mein Leben ist vollendet, und ich kann von mir sagen: Er starb alt und lebenssatt. Das ändert nichts daran, dass ich gerne noch etwas leben möchte. Aber dann bedürfte es eines neuen Auftrages Gottes. Der Auftrag, für den mich Gott gemacht hat, ist erfüllt.« Das schreibt ein 38-jähriger angesichts des Henkers. Davon schöpft ein 18-jähriger jetzt Kraft für seine letzten Stunden.

Da liegt er in den Kissen. Hoffnungslos krank und vom Tode gezeichnet. Dankbar blickt er zurück; und voll Hoffnung in die Zukunft. Er weiß: Diese Zukunft kann mir keiner rauben. Er weint vor Schmerz – natürlich. Er schreit in seinen Todesqualen – natürlich. Aber er lebt von einer Gewissheit, die nur Gott schenken kann, der gute Vater im Himmel. Für ihn wird nun das konkret, was Johannes in seiner Offenbarung geschaut hat (Kap. 21): »Gott wird abwischen alle Tränen von ihren Augen, und der Tod wird nicht mehr sein, noch Leid noch Geschrei noch Schmerz wird mehr sein; denn das Erste ist vergangen.«

Abends schaut die Mutter noch einmal nach ihrem Jungen. Sie weiß, dass es nur noch wenige Tage sind. Am nächsten Morgen betritt sie das Zimmer, öffnet die Vorhänge und sieht: Ihr Junge ist tot; in der Nacht gestorben. In seinen Händen findet sie einen Zettel. Mit Bleistift hat er ein paar Worte darauf gekritzelt. Fast unleserlich, aber herzbewegend. Es sind die Worte des großen dänischen Philosophen Sören Kierkegaard:

>»Noch eine kurze Zeit, dann ist's gewonnen,
>dann ist der ganze Streit in nichts zerronnen,
>dann will ich laben mich an Lebensbächen
>und ewig, ewiglich mit Jesus sprechen.«

So geht ein 18-jähriger Abiturient in den Tod. Das ist keine Sentimentalität. Das ist keine Weichlichkeit und keine Flucht ins Jenseits. Das ist keine Nostalgie oder Gefühlsduselei. Das ist die tiefe Gewissheit eines jungen Mannes: Ich habe Zukunft. Mein Lebensschiff kommt sicher im Hafen an.

Wenn man mit dieser Hoffnung selig sterben kann, dann kann man damit auch glücklich leben. *Das* ist die Zukunft, die ich meine. *Wir* haben Zukunft! *Du* auch?